Olaus Faber

Das babylonische Handbuch der Sprache

Von Zungenbrechern, Schwiegermuttersprachen
und Freud'schen Versprechern

Eichborn BERLIN

1 2 3 4 09 08

Umschlaggestaltung: Christiane Hahn unter Verwendung eines Bildes von Philip de Bay/© corbis
Lektorat: Esther Kormann
Layout: Cosima Schneider
Druck und Bindung: Clausen & Bosse, Leck
Eichborn Berlin

ISBN 978-3-8218-5832-6

Weitere Informationen unter www.eichborn-berlin.de

»... Ich spreche und schreibe: französisch, englisch, italienisch, spanisch, griechisch, lateinisch, hebräisch, rumänisch, arabisch 6 Dialekte, persisch, kurdisch 2 Dialekte, chinesisch 6 Dialekte, malaiisch, Namaqua, einige Sunda-Idiome, Suaheli, hindostanisch, türkisch und die Indianersprachen der Sioux, Apachen, Komantschen, Snakes, Uthas, Kiowas, nebst dem Ketschumany 3 südamerikanische Dialekte. Lappländisch will ich nicht miterzählen ... Wem der Herrgott 1 Pfund Verstand verliehen hat, der soll damit wuchern ...«

Karl May

A

Älteste Sprache

Über den Ursprung der Sprache und die Frage, welche Sprache die älteste sei, wurde schon in der Antike spekuliert. Herodot (484 – um 424 v. Chr.) berichtet zu Anfang des zweiten Buches seiner *Historien* von einem Experiment, das der ägyptische König Psammetich I. im 7. Jahrhundert v. Chr. durchgeführt haben soll, um herauszufinden, welches Volk das älteste sei. Er übergab zwei Neugeborene einem Schafhirten, der sie in Isolation halten und in ihrer Gegenwart nicht sprechen sollte. Nach zwei Jahren sollen die Kinder das Wort »bekos« gerufen haben. Psammetich ließ nachforschen, ob dieses Wort in irgendeiner Sprache existierte und bekam heraus, daß »bekos« das phrygische Wort für »Brot« war. Die Ägypter mussten zugeben, dass wohl nicht sie selbst, sondern die Phrygier das älteste Volk der Erde seien. Ob das Experiment, von dem Herodot angibt, Priester in Memphis hätten ihm davon erzählt, jemals stattgefunden hat, steht dahin.

Auch von Kaiser Friedrich II. (1194–1250) wird berichtet, er habe sprachliche Experimente an Kindern durchführen lassen. Der Chronist Salimbene aus Parma (1221–1288?) behauptet, Friedrich habe den Ammen befohlen, nicht mit den Kindern zu sprechen, um herauszufinden, ob sie →Griechisch, →Lateinisch, →Arabisch, →Hebräisch oder die Sprache ihrer Eltern sprachen. Die Kinder sollen gestorben sein. Allerdings ähnelt die Geschichte auffällig dem Bericht Herodots, und Salimbene schildert sie offensichtlich, wie der moderne Friedrich-Biograph Wolfgang Stürner meint, »in der Absicht, seinen Lesern die kaiserliche Verworfenheit anhand einiger besonders drastischer Ungeheuerlichkeiten und Freveltaten zu demonstrieren«.

James IV. von Schottland (1473–1513), der übrigens der letzte schottische König war, der das Gälische beherrschte (und dazu noch Englisch, Scots, Latein, Französisch, Deutsch, Italienisch, Flämisch, Spanisch und Dänisch) soll nach der *Historie and Chronicles of Scotland* des Robert Lindsay of Pitscottie (1532–1580) einen ähnlichen Versuch angeordnet haben. Angeblich wurden zwei kleine Kinder zusammen mit einer stummen Pflegemutter auf einer einsamen Insel ausgesetzt; die Kinder, so heißt es, hätten nachher Hebräisch gesprochen. Allerdings gibt sich Lindsay in seinem Bericht selbst skeptisch.

Wenn irgendwo nach der ältesten Sprache gesucht werden sollte, dann in Afrika. Paläontologen und Humangenetiker sind sich heute weitgehend darüber einig, dass Afrika die Wiege der Menschheit ist. Alle Hominiden-Spezies stammen vom Schwarzen Kontinent. Vor ungefähr 90.000 Jahren haben sie vom südlichen Afrika aus Eurasien besiedelt: über den Sinai in den Nahen Osten, über das Horn von Afrika auf die Arabische Halbinsel und an den Küsten entlang, über den Persischen Golf bis nach Indien und Südostasien. Die heutigen Buschmänner (San) und Hottentotten (Khoikhoi) im Süden Afrikas stammen in direkter Linie von den ersten Populationen des Homo sapiens ab und lebten lange in Afrika, bevor die schwarzafrikanischen Völker von Norden und Nordosten in den Süden des Kontinents wanderten. Afrika könnte somit auch als Wiege der menschlichen Sprache gelten. Aber Vorsicht: 2007 haben Anthropologen des *Centro Nacional de Investigación sobre la Evolución Humana* im spanischen Burgos herausgefunden, dass vor 100.000 Jahren asiatische Populationen einen stärkeren genetischen Einfluss auf die Besiedlung Europas gehabt haben als die Hominiden aus Afrika. Die Besiedlungsvorgänge waren offenbar weit komplizierter, als bisher angenommen. Wahrscheinlich sind die Vorfahren des modernen Menschen – natürlich innerhalb gewaltiger Zeiträume – ständig zwischen Afrika, Asien und Europa hin- und hergewandert. Wo sich Menschen wirklich zum allerersten Mal der Sprache bedient haben, werden wir wahrscheinlich niemals wissen. Eine Rekonstruktion der Sprachfertigkeiten der frühen Menschen gestaltet sich zudem äußerst schwierig, schlicht weil von dieser Sprache keine Zeugnisse vorliegen – die Schrift ist menschheitsgeschichtlich betrachtet eine sehr junge Errungenschaft (→Sumerer, →Vinča-Schrift). Fest steht, dass der moderne Mensch aufgrund bestimmter anatomischer Entwicklungen und seiner Gehirnleistung gegenüber seinem Vorgänger, dem →Neandertaler, was die Sprachfähigkeit angeht, einen deutlichen Entwicklungssprung vorweisen konnte.

Akrostichon

Akrostichon heißt ein Text, der sich aus den nacheinander gelesenen Anfangsbuchstaben (auch Silben, Wörtern) aufeinander folgender Verse oder Strophen eines Gedichts ergibt. Michael Ende beginnt beispielsweise die Kapitel seiner *Unendlichen Geschichte* (1979) der Reihe nach mit den Buchstaben des Alphabets. Im Akrostichon verbergen sich oft Widmungen; sie dienen aber auch mnemotechnischen Zwecken, also als Gedächtnisstütze. Umberto Eco (beziehungsweise sein Übersetzer Burkhart Kröber) schlägt in seinem Roman *Das Foucaultsche Pendel (Il pendolo di Foucault,* 1988) vor, sich den Namen IHVHEA mit dem Satz zu merken: »**I**melda, **H**a, **V**erruchte, **H**ast **E**ginhard **A**ngezeigt«. Überhaupt werden Akrostichen gerne als →Eselsbrücken gebraucht:

Mein **V**ater **e**rklärt **m**ir **j**eden **S**onntag **u**nsere
neun **P**laneten: **Me**rkur, **V**enus, **E**rde, **M**ars, **J**upiter,
Saturn, **U**ranus, **N**eptun, **P**luto

Nachdem Pluto 2006 der Planetenstatus aberkannt worden ist, könnte man sagen:

Mein **V**ater **e**rklärt **m**ir **j**eden **S**onntag
unseren **N**achthimmel.

Die Tonarten im Quintenzirkel kann man sich (unter anderem) folgendermaßen merken:

Für die Kreuztonarten:
Geh **d**u **a**lter **E**sel, **h**ole **Fis**che (oder: **H**eringe **fis**chen)
Für die b-Tonarten:
Friedrich **b**ringt **Es**ther **As**tern **des Ges**andten

Vor allem ist das Akrostichon aber poetische Spielerei und kann auf eine beeindruckende Tradition zurückblicken. Es tritt schon in babylonischen Gebeten auf, auch in den Klageliedern Jeremias gibt es ein alphabetisches Akrostichon. Der Geschichtsschreiber Dionysios von Halikarnassos (ungefähr 54 v. Chr. – 8 n. Chr.) erzählt in seinen *Römischen Altertümern*, man habe die Sibyllinischen Orakel nach dem Brand des römischen Kapitols im Jahre 83 v. Chr. mit Hilfe der Akrostichen rekonstruiert.

Der unangefochtene Meister akrostischer Kunst heißt Publilius Optatianus Porfyrius (um 330 n. Chr.). Er rahmte seine Gedichte auf Kaiser Konstantin mit Akrostichen und *Telestichen* – bei denen die am Ende der Verse stehenden Buchstaben einen bestimmten Sinn ergeben – ein und überzog sie zusätzlich mit einem Gitter, indem er auch noch in den Diagonalen einen Sinn versteckte. Der poetische Schwierigkeitsgrad ist hier ins schier Irrwitzige gesteigert (Porfyrius konnte auch Hexameter schreiben, die rückwärts als Pentameter lesbar sind). Immerhin hat er mit seinen Schmeichel-Poemen bei Konstantin seine Rückkehr aus der Verbannung erreicht und später noch als Beamter Karriere gemacht.

Das 17. Jahrhundert, das keine poetische Spielerei auslassen konnte, hat ebenfalls akrostische Gedichte in symbolischen Formen hervorgebracht; insbesondere Johann Christoph Männling (1658–1723) hat sich als Nachahmer des Porfyrius hervorgetan. Der Aufklärer Johann Christoph Gottsched (1700–1766) hält Akrostichen dann wieder für »Kinderey«. Und eben in der Kinderliteratur hat sich das Akrostichon denn auch hauptsächlich gehalten, man denke an Wilhelm Buschs *Naturgeschichtliches Alphabet* (»Den Kakadu man gern betrachtet, / Das Kalb man ohne weiters schlachtet«) oder Bertolt Brechts *Kinder-Alfabet*. Heute beruhen oft Namen von Organisationen oder →Markennamen auf dem akrostischen Prinzip: AGFA (Actien-Gesellschaft für Anilinfabrikation), adidas (Adolf »**Adi**« **Das**sler), Milka (**Mil**ch und **Ka**kao).

Ein Akrostichon von Philipp von Zesen (1619 – 1689) (→Verdeutschung):

1

Kom / o Sonne meiner seelen /
Auf! Erleuchte muht und sin /
Treib aus meines hertzens hölen
Alle nacht der sünden hin:
Reuet mich doch meine schuld.
Ich / o GOtt / will deiner huld.
Nach so vielen gnaden-zeichen /
Ewig! Ewig! Dienste reichen.

2

Meine sinnen laß besinnen
Alles / was mich führt zu dier:
Recht und schlecht sei mein beginnen /
Guht- und from-sein meine zier.
Richte selbsten meinen Pfad /
Eh ich irr' aus bösem raht;
Trit mier selbst mein GOtt zur seiten /
Eh mich welt und lust bestreiten.

u.a.m.

Aleph

Das Aleph ist der erste Buchstabe des phönizischen und hebräischen Alphabets (→Hebräisch). Er entspricht dem arabischen Alif und steht für einen Konsonanten, dessen Aussprache (ein Knacklaut) Nichtmuttersprachlern erhebliche Schwierigkeiten bereitet. Als die Griechen ihn von den Phöniziern übernahmen (→Griechisch), machten sie den Buchstaben zu einem Vokal und nannten ihn Alpha, woraus dann das lateinische A wurde. Das hebräische »alef« bedeutet »Rind«, und tatsächlich lassen sich die beiden Hörner des ursprünglichen Stierkopfes noch gut erkennen. Im Verlauf der Schriftentwicklung wurde der Buchstabe allerdings gedreht und seine Form weiter stilisiert.

Phönikisch | Griechisch, antik | Etruskisch | Griechisch, klassisch | Latein

Das Aleph spielt als erster Buchstabe des hebräischen Alphabets bei allerlei theologischen Spekulationen eine Rolle; als Zahlenwert steht es für 1, was wiederum in der Gematrie (Zahlenmystik) zum Tragen kommt. In einem Midrasch (Auslegung der Heiligen Schrift) wird die Demut des Aleph gepriesen, weil es als erster Buchstabe des Alphabets nicht für sich in Anspruch genommen hat, auch am Anfang der Heiligen Schrift zu stehen. Die fängt nämlich in der Tat mit einem *Beth* an (»Bereschit bara elohim …« = »Im Anfang schuf Gott …«). Dafür darf das Aleph am Anfang der Zehn Gebote stehen (»Anokhi«). Im *Sefer Jezirah (Buch der Formung)*, der ältesten überlieferten Schrift der Kabbala, tritt das Aleph als König über den Atem oder die Seele auf. Außerdem ist es der erste Buchstabe des Wortes *emet* (Wahrheit), das der Sage nach dem Golem auf die Stirn geschrieben war und ihm

Leben einhauchte. Wischte man das Aleph aus, blieb *met* übrig, was »Tod« bedeutet. Als der Golem einmal Amok lief, konnte sein Schöpfer, der legendäre Rabbi Löw, ihn – jedenfalls lautet so eine der zahlreichen Versionen der Geschichte – auf diese Weise deaktivieren.

Ambigramm

Siehe: Palindrom

Anagramm

Im Anagramm werden die einzelnen Buchstaben von Wörtern und Wendungen so umgestellt, daß sie neue Wörter bilden. Früher wurde dem Anagramm mystische Bedeutung beziehungsweise magische Kräfte zugesprochen. So fand man in der berühmten Pilatus-Frage (Johannes 18,38): »Quid est veritas« (»Was ist Wahrheit«) die anagrammatische Antwort: »Est vir qui adest« (»Es ist der Mann, der da steht« = Jesus Christus). Im späten Mittelalter und noch darüber hinaus war es üblich, aus dem Namen berühmter Leute preisende Anagramme zu bilden (Marguerite de Valois = »Salve Virgo Mater Dei«); noch Ludwig XIII. von Frankreich (1601–1643) hielt sich einen eigenen Anagrammatiker. Über diesen Aberglauben machte sich später der irische Schriftsteller Jonathan Swift lustig. In seinem Roman *Gullivers Reisen* (1726) decken die Eingeborenen von Tribnia (anagrammatisch für Britain) Verschwörungen auf, indem sie die »anagrammatische Methode« anwenden.

In der Lyrik hat sich das Anagramm beinahe zu allen Zeiten großer Beliebtheit erfreut und findet bis heute in der Literatur überhaupt Anwendung: In *Harry Potter And the Chamber Of Secrets* (2002) (*Harry Potter und die Kammer des Schreckens)* bildet beispielsweise ein gewisser Tom Marvolo Riddle aus seinem Namen den Satz: »I am Lord Voldemort«, und in Dan Browns *The Da Vinci Code* (2003) *(Sakrileg)* wird aus Leonardo da Vinci »O draconian devil«.

Am häufigsten wird das Anagramm jedoch als →Pseudonym verwendet, gerne von Schriftstellern:

Alcofrybas Nasier = François Rabelais
Golaw = Logau
German Schleifheim von Sulsfort = Melchior Sternfels von Fuchshaim = Christoffel von Grimmelshausen
Vivian Darkbloom = Vladimir Nabokov

Werden die Buchstaben eines Namens in umgekehrter Reihenfolge geschrieben, spricht man von *Ananym* (→Pseudonym):

(Kurt) Marek = (C.W.) Ceram

Auch heute kann das Anagramme-Machen recht amüsant sein:

Helmut Kohl = Holt Kuheim
Lech Walesa = Wasche alle
Eros Ramazotti = O Mozart, sei zart
Astronomers = moon starers
Mother-in-law = woman Hitler
Adolf Hitler = Folterhilda
Naherholungsgebiet = Hungerlohnabsteige

Anakoluth

Als Anakoluth bezeichnet man eine Unvollständigkeit oder Folgewidrigkeit im Satzaufbau, wenn etwa die grammatische Beziehung zwischen den Satzgliedern gestört ist. Deswegen wird der (oder das) Anakoluth auch *Satzbruch* genannt. In der mündlichen Rede kommen Anakoluthe unablässig vor, sie können aber auch bewusst als rhetorisches Mittel eingesetzt werden.

Mynheer Peeperkorn in Thomas Manns *Zauberberg* ist ein Meister des (ob nun bewussten oder unbewussten) Anakoluth:

> »›Meine Herrschaften. – Gut. Alles gut. Er-ledigt. Wollen Sie jedoch ins Auge fassen und nicht – keinen Augenblick – außer acht lassen, daß – Doch über diesen Punkt nichts weiter. Was auszusprechen mir obliegt, ist weniger jenes, als vor allem und einzig dies, daß wir verpflichtet sind, – daß der unverbrüchliche – ich wiederhole und lege alle Betonung auf diesen Ausdruck – der unverbrüchliche Anspruch an uns gestellt ist – Nein! Nein, meine Herrschaften, nicht so! Nicht so, daß ich etwa – Wie weit gefehlt wäre es, zu denken, daß ich – – Erledigt, meine Herrschaften! Vollkommen erledigt. Ich weiß uns einig in alldem, und so denn: zur Sache!‹«

Anglizismus

Anglizismen entstehen 1.) als Übernahme englischer Wörter, die mehr oder weniger an Lautsystem und Grammatik des Deutschen angepasst werden, wie »Tunnel«, »Killer« oder »Fans«; 2.) als Eins-zu-eins-Übersetzungen eines Wortes oder von Satzkonstruktionen: »Sinn machen« (»to make sense«), »einmal mehr« statt »abermals« oder »wieder«; 3.) als Übersetzung der Idee hinter einem englischen Wort: »Wolkenkratzer« für »skyscraper« (der ja eigentlich ein »Himmelskratzer« ist); 4.) wenn eine Bedeutung in einem deutschen Wort schon vorliegt: »realisieren« im Sinne von »etwas verwirklichen« und »etwas bemerken«. Es gibt auch reine Wortschöpfungen mit englischem Klang, also *Scheinanglizismen*, für die oft die Deutsche Bahn, die Telekom und das Fernsehen verantwortlich sind: →Handy, Talkmaster, Service Point.

Folgende im Deutschen verwendete, englisch klingende Ausdrücke existieren im Englischen selbst nicht oder bedeuten etwas anderes (kleine Auswahl):

Beamer, Beauty Farm, checken, Dressman, Ego-Shooter, Fotoshooting, Funeralmaster, Funsport, Handy, Highboard, Logical, Longseller, Pullunder, Shooting Star, Showmaster, Twen, topfit.

Man kann sich darüber aufregen (→Denglisch), Anglizismen gibt es aber in so gut wie allen Sprachen, sogar im Französischen.

HÄUFIGE ANGLIZISMEN:

Anglizismus	Bedeutung
babysitten:	Kinder betreuen
Barkeeper:	Schankwirt
Blackout:	Filmriss, Aussetzer
Bodyguard:	Personenschutz

boomen:	florieren
Camping:	Zelten
Casting:	Vorsprechen
Catering:	Verköstigung, Versorgung
checken:	etwas kapieren, auch: überprüfen
clever:	gewitzt
Comedian:	Komiker
Controlling:	Erfolgssteuerung
DNA:	DNS (Desoxyribonukleinsäure)
Drink:	Getränk
Dumping-Preis:	Schleuderpreis
(etwas) erinnern:	sich an etwas erinnern
Features:	Besonderheiten
(jemanden) feuern:	jemanden entlassen
fit:	in Form sein
Flashback:	Rückblende
Flop:	Reinfall
Flyer:	Flugblatt
Friendly Fire:	Eigenbeschuss
Handout:	Handzettel, Thesenblatt
Hearing:	Anhörung
Hobby:	Steckenpferd
Hype:	Rummel, künstliches Hochjubeln
Image:	Ruf, Ansehen
in 2008:	2008
Kidnapping:	(Kindes-)Entführung
Kids:	Kinder
kommunizieren:	etwas mitteilen
Label:	Aufdruck, Etikett, Marke

Liveübertragung:	Direktübertragung
Looping:	Überschlag
Make-up:	Schminke
Meeting:	Besprechung, Sitzung
Monster:	Ungeheuer
nicht wirklich:	eigentlich nicht
nonstop:	ununterbrochen
One-Night-Stand:	Beischlaf ohne andauernde Liebesbeziehung
Mein Punkt ist:	Mein Argument ist, mir geht es um
Service:	Kundendienst
shoppen:	einkaufen, einen Einkaufsbummel machen
Sinn machen:	einen Sinn ergeben
Smalltalk:	Gerede
Sorry!:	Tut mir leid! Entschuldigung!
Spoiler:	Luftleitblech
Stalker:	Triebverfolger, Nachsteller
stylen:	aufbretzeln
Team :	Kollektiv, Gruppe, Mannschaft
Ticket:	Eintrittskarte
tunen:	aufmotzen
Westbank:	Westjordanland

Karl Philipp Moritz berichtet in seinen *Reisen eines Deutschen in England im Jahr 1782*:

> »Die Deutschen, welche lange hier gewesen sind, reden fast in lauter Anglicismen, als: es will nicht tun, anstatt, es ist nicht hinlänglich, und dergleichen. Ja einige sagen sogar: ich habe es nicht gemindet, ich habe mich nicht daran erinnert, oder daran gedacht.«

Apostrophitis (Deppenapstroph, Kapostroph)

In manchen Sprachen – etwa im Englischen – gibt es ein Genitiv-Apostroph, in einigen (zum Beispiel im Niederländischen) sogar ein Pluralapostroph. Beide erfreuen sich auch im Deutschen wachsender Beliebtheit, was einigen Zeitgenossen gehörig auf den Wecker fällt. Daher wird das Phänomen gerne polemisch als Apostrophitis, oft auch als *Deppenapostroph*, seltener als *Kapostroph* oder gar *Katostroph* bezeichnet.

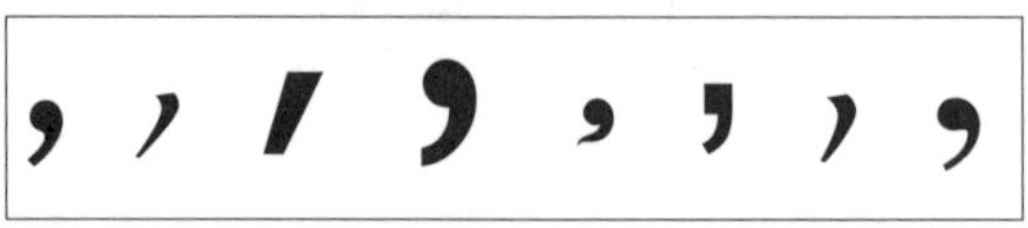

Am häufigsten tritt die Apostrophitis als abgetrenntes Genitiv-S auf, also als angelsächsischer Genitiv. Die neue deutsche Rechtschreibung toleriert diese Praxis in Ausnahmefällen, und zwar wenn damit die Grundform des Namens hervorgehoben werden soll: »Andrea's Frisörsalon« ist also zulässig zur deutlichen Unterscheidung von »Andreas Frisörsalon« oder »Andreas' Frisörsalon«. Allerdings lässt sich der echte Apostrophiker auf solche Spitzfindigkeiten nicht ein, sondern trennt das Genitiv-S ab, wann immer ihm danach ist: »Spezialitäten des Hause's«. Gerne wird auch das Fugen-S in Komposita abgetrennt: »Bahnhof's-Restaurant«, oder es kommt sogar zum Pluralapostroph: »Auto's«, »CD's«. Bei Präposition und bestimmten Artikeln sind ebenfalls schon Apostrophe gesichtet worden: »in's«, »um's«. Auch beim Imperativ: »Geh' mit mir!« Hier liegt allerdings kein echter Fall von Apostrophitis vor, weil die neue Rechtschreibung den Wegfall (Apokope) des letzten »e« in »gehe« bereits als regelmäßig hinnimmt.

Aber, wie gesagt, an solchen Kleinigkeiten ist der exzessive Apostrophiker nicht interessiert, noch nicht einmal am Apostroph selbst, das er im Eifer des Gefechts schon einmal durch einen Akut ´ oder einen Gravis ` oder ein anderes diakritisches Zeichen ersetzt.

Keineswegs ist die Apostrophitis nur ein Phänomen der Gegenwart. Der Genitiv-Apostroph war auch im Deutschen lange üblich, bis die Rechtschreibreform von 1901 diese Praxis endgültig verwarf (zuvor hatte der Duden sie immerhin toleriert). In Namen, insbesondere traditionsreichen Handelsmarken, hat sich der alte deutsche Genitiv-Apostroph bis heute gehalten: »Beck's«. Der fehlerhafte Apostrophgebrauch lässt sich indes für das ganze 20. Jahrhundert nachweisen. Der Einfluss der amerikanischen und britischen Besatzung nach dem Zweiten Weltkrieg dürfte sich allerdings fördernd ausgewirkt haben. Das ging teilweise ganz schnell. So titelten die *Aachener Nachrichten* bereits am 24. Januar 1945: »Alliierte Flugzeuge zerschlagen Rundstedt's Rückzugskolonnen«. Mit amerikanischen Handelsmarken wie »McDonald's« (in dem selbstverständlich ein korrekter englischer Genitiv-Apostroph zum Einsatz kommt) waren dann der Apostrophitis Tür und Tor geöffnet.

Wer aber denkt, der apostrophitische Untergang des Abendlandes stehe allein in Deutschland bevor:

Dieses erschütternde Bilddokument habe ich im Mai des Jahres 2007 persönlich in der Londoner U-Bahn aufgenommen.

Arabisch

Arabisch wird von 209 Millionen Menschen gesprochen und ist in 24 Staaten Afrikas und Asiens Amtssprache, wobei es sich in zahlreiche regionale Varianten (Ägyptisch, Algerisch, Jemenitisch und so weiter) aufzweigt. Keine Sprache und Schrift ist so eng mit einer bestimmten Religion verknüpft wie das Arabische. Während die →Bibel seit der Verbreitung des Christentums in der Antike in immer neue Sprachen übersetzt worden ist und wird (→Bibelübersetzungen), ist die arabische Sprache und die arabische Schrift die einzige Sakralsprache des Islam geblieben. Der Koran wird nur in seiner arabischen Originalversion, der Sprache der göttlichen Offenbarung, anerkannt. Für islamisch geprägte Kulturen ist allein das klassische Arabisch, in dem die Engel zum Propheten Muhammad sprachen (→Satanische Verse), wert, studiert zu werden. Einige Sufis vertreten sogar die Ansicht, es sei segensreicher, sich die arabischen Buchstaben eines Korantextes anzuschauen, auch wenn man kein Arabisch versteht, als eine schlechte Übersetzung zu lesen. Einerseits ist also die islamische Kultur, was die sakrale Sprache und Schrift angeht, extrem kompromisslos, andererseits steht die arabische Schriftkultur, gerade weil sie an keine bestimmte ethnische Gruppe gebunden ist, über allen nationalen Besonderheiten. (Immerhin spricht die weltweite Mehrheit der Muslime, im Iran, der Türkei, in Indonesien, nicht arabisch.) Es gibt beispielsweise eine überaus reiche türkische und persische Nationalliteratur in arabischer Schrift, und es hat sehr wohl eine Anpassung der arabischen Schrift zur Wiedergabe nichtarabischer Sprachen stattgefunden. Als Erfinder der klassischen arabischen

Kursivschrift gilt Ibn Muqla (886–940), der Wesir des Abbasiden-Kalifen Al-Muqtadir. Er wollte das Schriftbild im ganzen Kalifenreich vereinheitlichen; seine Normen gelten in zwei Varianten noch heute für die Kunst der arabischen Kalligraphie. Auch die heutige arabische Druckschrift beruht auf seinen Entwicklungen.

Einige deutsche Wörter, die ursprünglich aus dem Arabischen kommen (Arabismen):

Admiral, Alchemie, Algebra Alkohol, Arsenal, Balsam, Elixier, Giraffe, Haschisch, Kaffee, Kaliber, Karaffe, Karat, Koffer, Konditor, Magazin, Matratze, Mokka, Nadir, Safran, Schachmatt, Sesam, Zenit, Ziffer, Zucker.

Name	Lautwert	Zeichen	Name	Lautwert	Zeichen
'elif	'	ا	ṭā	ṭ	ط
bā	b	ب	ẓā	ẓ	ظ
tā	t	ت	‘ain	‘	ع
ṯā	ṯ	ث	ġain	ġ	غ
ğīm	g	ج	fā	f	ف
ḥā	ḥ	ح	ḳāf	ḳ	ق
ḫā	ḫ	خ	kāf	k	ك
dāl	d	د	lām	l	ل
ḏāl	ḏ	ذ	mīm	m	م
rā	r	ر	nūn	n	ن
zā	z	ز	hā	h	ه
sīn	s	س	wāw	w	و
šīn	š	ش	jā	j	ى
ṣād	ṣ	ص	lāmelif	lā	لا
ḍād	ḍ	ض			

Aramäisch

Aramäisch ist dem →Hebräischen nahe verwandt und gehört zu den wenigen antiken Sprachen, die bis heute nicht nur als geschriebene, sondern auch als gesprochene Sprache überlebt haben. Während es im Altertum eine Weltsprache gewesen ist, beläuft sich die heutige Sprecherzahl jedoch auf nicht einmal eine halbe Million. Seine Bedeutung als Kultur- und Verkehrssprache und Sprache der Diplomatie zwischen 700 und 200 v. Chr. verdankt das Aramäische einerseits seiner weiten Verbreitung, andererseits seinem Alphabet, das einfacher zu benutzen war als die babylonische Keilschrift des Vorderen Orients. Erstaunlich ist, wie viele verschiedene Kulturen und Religionen sich des Aramäischen bedient haben. Aramäisch war auch die Sprache Jesu und seiner Jünger. Der Evangelist Markus lässt Jesus am Kreuz aramäisch rufen: »Eli, Eli, lama asabthani?« – »Mein Gott, mein Gott, warum hast du mich verlassen?« Aramäisch war im ganzen Nahen und Mittleren Osten, von der östlichen Ägäis bis nach Afghanistan und Indien verbreitet. Mit dem Vordringen des Islam hat dann das →Arabische das Aramäische im Wesentlichen abgelöst, das sich in der Folge fast nur als Bildungssprache bei den Juden gehalten hat; die Gemara, der zweite Teil des Talmud, ist hauptsächlich auf Aramäisch geschrieben. Die altehrwürdige hebräische Schrift leitet sich direkt vom Aramäischen ab, das sich seinerseits aus der phönizischen Schrift entwickelt hat. Aus dem aramäischen Alphabet haben sich viele Ableger entwickelt: neben der bekanntesten, der hebräischen Quadratschrift, auch die nabatäische, die sehr schöne palmyrenische und die syrische Schrift. Letztere zweigt sich wiederum in zahlreiche Varianten auf, wovon etwa die nestorianische bis nach China gelangt ist und die Schreibung des Mandschurischen beeinflusst hat. Unsere Schreibweise von Zahlen verdankt sich ebenfalls dem Aramäischen. Die Araber hatten bekanntlich ihre Zahlenschreibweise, die auch die unsrige ist, von der indischen übernommen und abgewandelt. Die Inder selbst aber hatten sie aus dem Aramäischen übernommen. Neu-Aramäisch wird in verschiedenen Dialekten heute noch – meist von Christen – in einigen Dörfern im Libanon, in der Türkei, in Syrien sowie am Schatt Al-Arab im südlichen Irak bei den sogenannten Sabiern, Nazaräern oder Mandäern und in Khusistan im Iran gesprochen. Die Anzahl der Aramäisch-Sprecher in Syrien liegt ungefähr bei 5.000.

Heinrich Heine dichtet in den *Hebräischen Melodien* seines *Romanzero* über Jehuda ben Halevy (1075–1141), den spanisch-jüdischen Philosophen und bedeutendsten jüdischen Dichter des Mittelalters:

Auch den Targum Onkelos,
Der geschrieben ist in jenem
Plattjudäischen Idiom,
Das wir Aramäisch nennen

Und zur Sprache der Propheten
Sich verhalten mag etwa
Wie das Schwäbische zum Deutschen –
Dieses Gelbveiglein-Hebräisch

Lernte gleichfalls früh der Knabe,
Und es kam ihm solche Kenntnis
Bald darauf sehr gut zu Statten
Bei dem Studium des Talmuds.

Armenisch

Armenisch ist ein Zweig der →indoeuropäischen Sprachen, der nur aus einer einzigen Sprache besteht, die allerdings in vielen Dialekten gesprochen wird. Infolge der Auswanderung der Armenier wird Armenisch heute außer in dem seit 1991 unabhängigen Staat Armenien (etwas über 3 Millionen Sprecher, von insgesamt 7,4 Millionen weltweit) in Ägypten, Aserbaidschan, Bulgarien, Estland, Frankreich, Georgien, Griechenland, Honduras, Indien, Irak, Iran, Israel, Jordanien, Kanada, Kasachstan, Kirgisistan, dem Libanon, Palästina, Rumänien, Russland, Syrien, Tadschikistan, der Türkei, Turkmenistan, der Ukraine, Ungarn, den USA, Usbekistan und auf Zypern gesprochen. Die meisten Diaspora-Armenier leben in den Nachfolgestaaten der Sowjetunion und im Nahen Osten. 1,61 Millionen US-Bürger sind armenischer Abstammung. In Frankreich leben 71.000 Armenier. Das klassische Armenisch (Grabar) dient heute noch als liturgische Sprache der armenischen Kirche. Armenien ist das erste Land der Welt, das das Christentum zur Staatsreligion erhoben hat (301 unter Trdat III. dem Großen). Die ältesten schriftlichen Zeugnisse stammen bereits aus dem 5. Jahrhundert. Ein Beamter am armenischen Königshof und späterer Missionar, Mesrop, soll die armenische Schrift geschaffen haben. Noch heute genießt er bei den Armeniern aufgrund dieser Tat den Status eines Heiligen. Sein Denkmal steht vor dem Handschrifteninstitut Matenadaran in der armenischen Hauptstadt Jerewan (Eriwan), wo die reichen Zeugnisse der alten armenischen Literatur aufbewahrt werden. Die identitätsstiftende Bedeutung der armenischen Schrift für die Armenier ist kaum zu überschätzen. Über

Jahrhunderte hat sie als Symbol des christlichen Abwehrkampfes gegen den Islam gegolten und schließlich auch als Symbol des Überlebens nach dem Genozid der Türken an den Armeniern 1915.

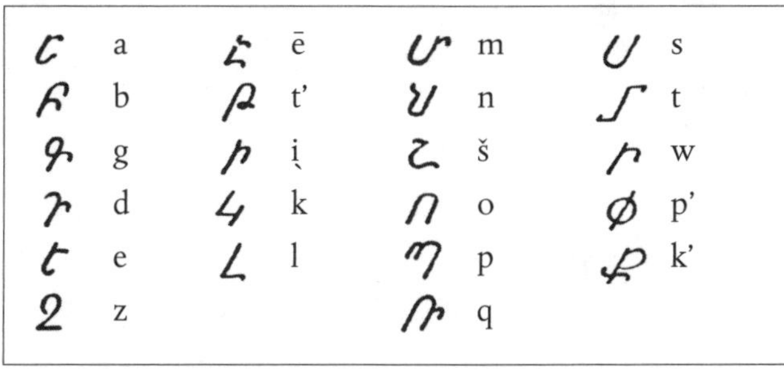

Australien

Bevor die weißen Siedler 1780 in Australien landeten, haben ungefähr 600 verschiedene Gruppen von Aborigines den Kontinent bewohnt. Die meisten der von ihnen gesprochenen Sprachen sind heute verschwunden. Gegenwärtig sprechen noch etwa 10 Prozent der Aborigines eine der verbliebenen 254 Sprachen, von denen heute viele vor dem unmittelbaren Aussterben stehen, weil die Sprecherzahl auf 1 gesunken ist. Einige Aborigine-Wörter haben aber internationale Karriere gemacht, so der Dingo, der Bumerang, der Koala und das Känguru. Auch im Wortschatz des australischen Englisch haben sich die Sprachen der Ureinwohner niedergeschlagen: »boomalli« heißt »ein Tier schlagen«, »pialla« »erzählen«, »wongi« »reden«.

Baskisch

Von den 1,5 Millionen Menschen baskischer Abstammung sprechen noch ca. 800.000 Baskisch, einige in Südwestfrankreich, die meisten aber in den spanischen Provinzen des Baskenlandes. Die Basken sind schon immer da gewesen. Genetische Untersuchungen haben ergeben, dass die altsteinzeitlichen Cro-Magnon-Menschen, also die ältesten modernen Menschen Westeuropas, tatsächlich entfernte Vorfahren der heutigen Basken sind. Während andere alteuropäische Sprachen wie das Aquitanische oder Iberische in der Antike untergegangen sind, hat das Baskische dem Druck des Lateinischen, Spanischen und Französischen bis heute standgehalten. Mit welchen dieser alteuropäischen Sprachen das Baskische verwandt ist, ist unklar. Wilhelm von Humboldt (1767–1835) hat es mit dem alten Iberisch (Vaskisch) identifiziert, und bis heute wird versucht, das Iberische mit Hilfe des Baskischen zu rekonstruieren. Alles deutet aber darauf hin, dass vor der indoeuropäischen Einwanderung (→indoeuropäische Sprachen) eine große Vielfalt isolierter »alteuropäischer« Sprachen bestanden hat.

Das heutige Verbreitungsgebiet des Baskischen ist gegenüber früher sehr geschrumpft. In Städten wie Pamplona oder Biarritz wird längst kein Baskisch mehr gesprochen. Trotz des kleinen Sprachgebiets zerfällt das Baskische in zahlreiche, teilweise stark voneinander unterschiedene Dialekte (meist unterscheidet man zwischen 7 Haupt- und mindestens 25 Subdialekten), was eine gegenseitige Verständigung der Sprecher fast unmöglich macht. Die Basken selbst nennen ihre Sprache »Euskara« und sich selbst »Euskaldunak«. Nach zweitausendjähriger Nachbarschaft mit dem Lateinischen und Spanischen klingt das Baskische inzwischen ziemlich spanisch, aber die Grammatik bleibt Nichtbasken fremdartig und ist fast unmöglich zu erlernen. Immerhin hat schon zu römischer Zeit das Baskische Lehnwörter aus dem Lateinischen übernommen, zum Beispiel »bake« von »pax« = Frieden – offenbar geschah das zu einer Zeit, als die Römer das »c« noch als »k« aussprachen. Baskisch ist eine agglutinierende Sprache, das heißt, grammatische Beziehungen werden meist durch angefügte Wortelemente (Suffixe) ausgedrückt: »oin« bedeutet »Fuß«, »oina« »der Fuß«. Die Verwendung der Verben ist überaus formenreich und kompliziert und steckt für den Lernenden voller Schwierigkeiten und Tücken.

Nachdem es während des Spanischen Bürgerkrieges kurzfristig Amtssprache war, blieb das Baskische unter der Herrschaft Francos (1939–1975) verboten, wobei ab Mitte der 60er-Jahre eine gewisse Lockerung gewährt wurde. Seit 1978 genießt es aber in den Provinzen Guipúzcoa, Vizcaya, Navarra und Álava den Status einer regionalen Amtssprache.

Beinamen von Herrschern

Albrecht II. der Entartete (auch der **Unartige**) (1240–1314) Landgraf von Thüringen.

Albrecht der Feiste († 1318) Herzog von Braunschweig.

Albrecht II. der Lahme (oder **der Weise**) (1298–1358) Herzog von Österreich.

Albrecht VI. der Verschwender (1418–1463) Erzherzog von Österreich.

Basileios II. der Bulgarentöter (um 957–1025) Kaiser von Byzanz.

Boleslaw III. Schiefmund (1085–1138) Herzog von Polen.

Caligula (»Stiefelchen«) (12–41) Römischer Kaiser.

Dietrich der Bedrängte (1162–1221) Markgraf von Meißen.

Eberhard I. im Bart (1445–1496) Herzog von Württemberg, Gründer der Universität Tübingen und fanatischer Judenhasser, verewigt in der schwäbischen Nationalhymne *Preisend mit viel schönen Reden* (»Eberhard, der mit dem Barte, Württembergs geliebter Herr …«).

Erik I. Blutaxt (um 885–954) König von Norwegen, hat angeblich 18 seiner Brüder ermordet.

Ethelred der Unberatene (978–1016) König von England.

Friedrich der Gebissene (auch: **der Freidige**) (1257–1323) Markgraf von Meißen und Landgraf von Thüringen. Der Sage nach biss ihn seine Mutter Margarete, die 1270 vor ihrem Mann (**Albrecht dem Entarteten**, siehe oben) von der Wartburg fliehen musste, vom Abschiedsschmerz überwältigt, in die Wange. Friedrich war ein Enkel des Stauferkaisers Friedrich II. und nannte sich selbst, um seine Ansprüche zu unterstreichen: Friedrich III. König von Jerusalem und Sizilien, Herzog von Schwaben.

Friedrich IV. mit der leeren Tasche (1382–1439) Herzog von Tirol.

Harald I. Blauzahn (um 910–987) (Harald Blåtand) König von Dänemark und Norwegen. Wie Harald selbst zu seinem ungewöhnlichen Namen kam, ist nicht klar. Aber die Kurzstreckenfunktechnik »Bluetooth«, die Modems, Mäuse, Drucker und so weiter mit dem PC verbindet, ist wiederum nach ihm benannt. Bei einem Treffen zwischen einem Intel- und einem Ericsson-Ingenieur 1997 in einer Bar in Kanada gab der Schwede seinem Kollegen Frans G. Bengtssons *Die Abenteuer des Röde Orm* zur Lektüre, in denen auch Harald Blauzahn eine Rolle spielt. So kam der auf den Namen: Wie Harald weite Teile Dänemarks und Norwegens geeint hat, sollte die neue Funktechnik die Welt des Telefons mit derjenigen des Computers zusammenbringen.

Harald Hasenfuß (um 1016–1040) König von England. Sein Beiname verdankt sich angeblich seiner Geschicklichkeit bei der Jagd.

Iwan IV. der Schreckliche (1530–1584) russischer Zar. Sein russischer Beiname lautet: »Groznyj« = »Der Strenge«. Seinen deutschen Beinamen hat er sich teils durch Knechtung und Niedermetzelung auch der eigenen Untertanen redlich verdient, teils verdankt er ihn katholischer Propaganda (die u. a. behauptete, Iwan habe sich gerühmt, 1000 Jungfrauen vergewaltigt und die daraus entstandenen Kinder abgeschlachtet zu haben).

Johannes Parricida (»Verwandtenmörder«) von Schwaben (120?–1313) Herzog von Österreich und Steier, ermordete seinen Onkel, Kaiser Albrecht I., siehe auch Schillers *Wilhelm Tell* 1. Szene, 5. Aufzug.

Johann Ohneland (1167–1216) König von England. Er ist der Prince John in Walter Scotts Roman *Ivanhoe* und den zahlreichen Bearbeitungen des Robin-Hood-Stoffes.

Johanna die Wahnsinnige (1479–1555) Königin von Kastilien.

Karl III. der Dicke (839–888) Karolinger, Römischer Kaiser.

Karl II. der Kahle (823–877) Karolinger, Römischer Kaiser.

Ludwig der Fromme (778–840) Sohn Karls des Großen, Römischer Kaiser.

Ludwig der Springer (1042–1123) Graf in Thüringen, eher sagenumwobener Erbauer der Wartburg.

Ludwig II. der Stammler (846–879) König von Frankreich.

Ludwig X. der Zänker (1289–1316) König von Frankreich und Navarra.

Magnus III. der Barfüßige (1070–1103) König von Norwegen.

Margarete Maultasch (1318–1369) Gräfin in Tirol. Der Beiname ist nicht ganz geklärt. Er könnte in der Bedeutung »Hure« der feindlichen Propaganda (Papst, Böhmen) entsprungen sein. Später wurde vermutet, Margarete habe einen missgestalteten Mund besessen. Lion Feuchtwanger folgt in seinem historischen Roman *Margarete Maultasch die häßliche Herzogin* von 1923 dieser Deutung. Zeitzeugen beschreiben Margarete allerdings als besonders schöne Frau. Schließlich könnte der Beiname auch auf Margaretes Lieblingsaufenthalt Burg Neuhaus in Terlan hinweisen, der im Volksmund »Schloss Maultasch« hieß.

Maria I. (1516–1558) von England hat an die 300 Protestanten hinrichten lassen und heißt – je nach konfessionellem Standpunkt – **Maria die Katholische** oder **Maria die Blutige**. Der Longdrink-Klassiker Bloody Mary (Wodka,

Tomatensaft zu gleichen Teilen, schwarzer Pfeffer, Salz, Worchestersauce) aus den 20er Jahren ist wahrscheinlich nach ihr benannt. Vielleicht geht der Name aber auch auf Ernest Hemingway zurück, den der Drink an den *Bucket of Blood Club* in Chicago und ein Mädchen dort erinnert haben soll und dessen vierte Ehefrau außerdem Mary Welsh hieß.

Robert I. der Teufel (1027–1035) Herzog der Normandie. Um den Fluch (→Flüche) loszuwerden, er sei schon vor seiner Geburt dem Teufel geweiht gewesen, soll Robert ein Schweigegelübde abgelegt und sein Essen von einem Hund angenommen haben. Giacomo Meyerbeer griff den Stoff in seiner Oper *Robert le Diable* (1831) auf. Robert selbst hat sich später den Beinamen **der Prächtige** erworben.

Waldemar IV. Atterdag (um 1321–1375) König von Dänemark. »Atterdag« heißt eigentlich »neuer Tag«. Vielleicht hat der Name auch mit dem niederdeutschen »ter tage« zu tun, das sinngemäß »In welchen Zeiten leben wir!« bedeutet.

Władysław III. Dünnbein (1161–1231) Herzog von Polen.

Bibel

Ursprünglich sind die Texte der Bibel in drei Sprachen verfasst: Das Alte Testament auf →Hebräisch, einzelne Abschnitte (Jeremia 10,11 Daniel 2,4b–7,28, Esra 4,8–6,18 und 7,12–26) auf →Aramäisch und das Neue Testament auf →Griechisch.

Die Schriften der Bibel

Das Alte Testament:

Die Tora (Gesetz):

Genesis = 1. Buch Mose
Exodus = 2. Buch Mose
Leviticus = 3. Buch Mose
Numeri = 4. Buch Mose
Deuteronomium = 5. Buch Mose

Josua
Richter
Ruth
Samuel (1/2)
Könige (1/2)
Chronik (1/2)
Esra
Nehemia
Esther
Hiob
Psalmen
Sprüche Salomos
Der Prediger Salomo
Das Hohelied Salomos

Propheten:

Jesaja, Jeremia + Klagelieder Jeremias, Ezechiel, Daniel
Die zwölf »kleinen« Propheten *(Dodekapropheton):*
Hosea, Joel, Amos, Obadja, Jona, Micha, Nahum,
Habakuk, Zephanja, Haggai, Sacharja, Maleachi

Das Neue Testament:

Evangelien nach:

Matthäus
Markus
Lukas
Johannes
Die Apostelgeschichte des Lukas

Briefe:

Der Brief des Paulus an die Römer
Der erste Brief des Paulus an die Korinther
Der zweite Brief des Paulus an die Korinther
Der Brief des Paulus an die Galater
Der Brief des Paulus an die Epheser
Der Brief des Paulus an die Philipper
Der Brief des Paulus an die Kolosser
Der erste Brief des Paulus an die Thessalonicher
Der zweite Brief des Paulus an die Thessalonicher
Der erste Brief des Paulus an Timotheus
Der zweite Brief des Paulus an Timotheus
Der Brief des Paulus an Titus
Der Brief des Paulus an Philemon
Der erste Brief des Petrus
Der zweite Brief des Petrus
Der erste Brief des Johannes
Der zweite Brief des Johannes
Der dritte Brief des Johannes
Der Brief an die Hebräer
Der Brief des Jakobus
Der Brief des Judas
Die Offenbarung des Johannes (Apokalypse)

Apokryphen:
Dazu kommen noch die sogenannten Apokryphen (»verborgene Schriften«), die, meist aus inhaltlichen Gründen, manchmal, weil sie nicht bekannt waren oder auch weil sie erst nach Abschluss des Kanons entstanden sind, nicht in den Kanon der Bibel aufgenommen worden sind. Weil die orthodoxe und die katholische Kirche für das Alte Testament die Septuaginta zugrunde legen, Martin Luther aber für seine Übersetzung den hebräischen Tanach benutzt hat, ergeben sich im Umfang des Alten Testaments bei den Konfessionen Unterschiede. Von evangelischer Seite werden diejenigen jüdischen Schriften zu den Apokryphen gezählt, die auch im Judentum nicht kanonisch sind. Zwar schätzte Luther sie als »nützlich«, aber nicht »heilig« ein, weswegen sie in der Lutherbibel erst im Anhang erscheinen:

Buch Judit
Buch der Weisheit
Buch Tobit (Tobias)
Jesus Sirach
Buch Baruch
1. Makkabäer
2. Makkabäer
Zusätze zum Buch Ester
Zusätze zum Buch Daniel
Gebet des Manasse

Zu den Apokryphen des Neuen Testaments zählen vor allem Evangelien, die im 1. bis 4. Jahrhundert unter dem Namen eines Apostels erschienen sind. Dazu gehören beispielsweise:

Das griechischsprachige **Petrusevangelium.** Obwohl Simon Petrus hier in der ersten Person spricht, geht das Evangelium, das nur in Fragmenten erhalten ist und sich wesentlich mit der Passion und Auferstehung Christi befasst, höchstwahrscheinlich nicht auf den Apostel Petrus selbst zurück. Vielleicht kannte der Verfasser aber bereits die kanonischen Evangelien und hat sie als Vorlage benutzt.

Das koptische **Thomasevangelium** besteht aus einer Sammlung von Szenen, Gesprächen und Jesusworten, jedoch kommt keine Passions- und Auferstehungsgeschichte vor (weswegen es sich genau genommen nicht um ein Evangelium handelt). Die Jesusworte sind teilweise aus den Evangelien des Neuen Testaments bekannt, das Thomasevangelium enthält aber eine Theologie, die sich weder ganz aus dem Neuen Testament noch aus dem Gnostizismus herleiten lässt. In manchen Bibelausgaben wird es zusätzlich abgedruckt.

Bibelübersetzungen

Nach Angaben des Weltbundes der Bibelgesellschaften ist die vollständige Bibel in 429, das Neue Testament in 1145, weitere biblische Schriften in 2.426 Sprachen übersetzt. Die Bibel ist damit das am häufigsten übersetzte Buch der Welt. 95 Prozent der Weltbevölkerung können einen biblischen Text in einer für sie verständlichen Sprache (wohlgemerkt nicht unbedingt ihrer Muttersprache) lesen – 300 Millionen Menschen noch nicht. Zuletzt (2006) ist die komplette Bibel ins Chisena, eine Sprache mit 300.000 Sprechern im Süden Malawis, ins Taroka, die Sprache der Ureinwohner Taiwans

(4.750 Sprecher), und ins Náhuatl, die alte Aztekensprache, die noch im östlichen Mexiko in verschiedenen Dialekten von ungefähr 1,3 Millionen Menschen gesprochen wird, übersetzt worden.

Einige historische Übersetzungen:

Wulfilabibel: Die Übersetzung, die Bischof Wulfila (311–383) aus dem Griechischen ins →Gotische angefertigt hat, umfasst vor allem Teile des Neuen Testaments und ist das älteste schriftliche Zeugnis einer germanischen Sprache. Der Beginn der bekannten Weihnachtsgeschichte bei Lukas (2,1) lautet: »Warþ þan in dagans jainans, urrann gagrefts fram kaisara Agustau, gameljan allana midjungard. Soh þan gilstrameleins frumista warþ at [wisandin kindina Swriais] raginondin Saurim Kwreinaiau.« – »Es begab sich aber zu der Zeit, dass ein Gebot von dem Kaiser Augustus ausging, dass alle Welt geschätzt würde. Und diese Schätzung war die allererste und geschah zur Zeit, da Cyrenius Landpfleger in Syrien war.«

Die **Septuaginta** (manchmal als LXX abgekürzt) ist die altgriechische Übersetzung des Alten Testaments. Die Bezeichnung (septuaginta heißt auf lateinisch 70) leitet sich von der Legende her, wonach im 3. Jahrhundert v. Chr. 72 jüdische Gelehrte in Alexandria auf der Insel Pharos den Pentateuch (die Fünf Bücher Mose) in 72 Tagen aus dem Hebräischen ins Griechische übersetzt haben sollen. Angeblich sind alle unabhängig voneinander zu einem völlig identischen Wortlaut gekommen. Später hat sich der Name auf die Übersetzung des ganzen Alten Testaments übertragen. Daran ist so viel wahr, dass höchstwahrscheinlich tatsächlich verschiedene Übersetzer am Werk gewesen sind.

Eine der ältesten Handschriften, welche die Septuaginta vollständig enthält, ist der Codex Sinaiticus aus dem 4. Jahrhundert, den 1844 der deutsche Theologe Konstantin von Tischendorf (1815–1874) in St. Katharinen im Sinai, dem ältesten noch bestehenden Kloster der Welt, entdeckt hat. Tischendorf hat 43 Blätter des Codex nach Leipzig gebracht, wo sie noch heute aufbewahrt werden. 2006 wurde ein Gemeinschaftsprojekt der British Library, der Universitätsbibliothek Leipzig, der Russischen Nationalbibliothek und des Katharinenklosters zur Digitalisierung des ganzen Codex vorgestellt. Der vollständige Text soll im Internet zur Verfügung gestellt und als Faksimile veröffentlicht werden.

Vulgata (die allgemeine, sprich: volkssprachliche Übersetzung) heißt der lateinische Bibeltext, der in der Spätantike die **Vetus latina** (auch **Itala**) abgelöst hat und bis heute – nach ständigen wissenschaftlichen Neubearbeitungen auf der Grundlage der Originaltexte natürlich – die offizielle Übersetzung der katholischen Kirche ist. Sie geht auf Hieronymus (347–419) zurück, dem größten Sprachgelehrten unter den Kirchenvätern, der als Textgrundlage nicht die griechische Septuaginta, sondern den hebräischen Urtext benutzt hatte.

Die Geschichte der **Luther-Übersetzung** ist hinlänglich bekannt: Nach Luthers »Entführung« auf die Wartburg 1521 hat sich der Reformator mit der Übersetzung des Neuen Testaments befasst. Bereits im Herbst 1522 erschien das Neue Testament in einer für damals enormen Auflage von 3000 Exemplaren, die, dem hohen Preis von eineinhalb Gulden zum Trotz, bereits nach drei Monaten vergriffen war. Obwohl Luther sich von der Vulgata abgewandt und den griechischen Urtext als Übersetzungsgrundlage verwendet hat, ist der

Einfluss der lateinischen Bibel noch deutlich spürbar. Die spätere und weit aufwendigere Übersetzung des Alten Testaments muss man sich als eine Art Workshop vorstellen, zu dem Luther einschlägige Experten eingeladen hat. Der Wittenberger Theologiestudent und Schüler Luthers Johann Mathesius (1504–1565) schildert in einer Predigt, die er 1563 gehalten hat, das Gemeinschaftsprojekt: Philipp Melanchthon sei für die Septuaginta zuständig gewesen, Johannes Bugenhagen für die Vulgata und Caspar Cruciger für die Rabbinerbibel des Jakob Ben Chajim. »Darauf proponieret dieser Präsident [Luther] einen Text und ließ die Stimmen herumgehen und höret, was ein jeder dazu zu reden hätte [...].«

Die **King-James-Bibel** wurde 1611 im Auftrag König James' I. (1566–1625) für die anglikanische Kirche veröffentlicht und ist bis heute die wichtigste englischsprachige Übersetzung der Bibel. Die Übersetzung erfolgte ebenfalls als ein Gemeinschaftsprojekt von 47 Gelehrten in verschiedenen Arbeitsgruppen. Ihre Sprache wirkt wie die alte Lutherbibel bei uns auf heutige englischsprachige Leser sehr archaisch und ist teilweise auch nicht mehr ohne Weiteres verständlich. Die meisten amerikanischen Protestanten benutzen heute die **New International Version** der Bibel, die eine moderne Sprache mit einer konservativen Theologie verbindet.

Einige aktuelle deutsche Übersetzungen:

Einheitsübersetzung (1962–1980): Für den liturgischen Gebrauch im römisch-katholischen Gottesdienst.

Lutherbibel: In der revidierten Version von 1984 der kirchenamtlich »zum Gebrauch empfohlene« Bibeltext der Evangelischen Kirche Deutschlands.

Elberfelder Bibel: 1855 (Neues Testament) und 1871 (Altes Testament) erschienen. Die Elberfelder konnte nie ernsthaft mit der Lutherbibel konkurrieren, wird aber wegen ihrer Texttreue immer noch sehr geschätzt – besonders von Hebräisch-Lernenden, die ihre Übersetzungshausaufgaben schnell erledigen möchten. Der Name kommt vom heutigen Wuppertaler Stadtteil Elberfeld, wo die hauptsächliche Übersetzungsarbeit durch Julius Anton von Posseck, Carl Brockhaus und John Nelson Darby geleistet worden ist.

Die **Zürcher Bibel:** Wird von der Evangelisch-reformierten Landeskirche des Kantons Zürich herausgegeben. Seit 1984 wurde an einer Neuübersetzung gearbeitet, die am 24. Juni 2007 in einem feierlichen Akt im Zürcher Grossmünster, der Kirche des Reformators Ulrich Zwingli (1484–1531), in dessen Tradition die Übersetzung steht, der Öffentlichkeit präsentiert wurde.

Die **Neue Genfer Übersetzung** bemüht sich nach eigenen Angaben um eine natürliche und zeitgemäße Sprache. 2008 soll die Übersetzung des Neuen Testaments abgeschlossen sein und zusammen mit den anderen biblischen Schriften in einer Gesamtübersetzung erscheinen.

Hinzu kommt eine Anzahl sogenannter kommunikativer Bibelübersetzungen, die einer inhaltlichen Verständlichkeit gegenüber einer wortgetreuen Übersetzung den Vorzug geben. Obwohl dieses Übersetzungsprinzip oft und scharf kritisiert wird, kommen kommunikative Übersetzungen nicht nur bei verschiedenen Freikirchen, sondern auch in Gemeinden der evangelischen Landeskirchen und der katholischen Kirche zum Einsatz.

Dazu zählen unter anderem:

Die Übersetzung der *International Bible Society* **Hoffnung für Alle.**

Die evangelikale **Neue evangelistische Übersetzung** Karl-Heinz Vanheidens, die, bevor sie gedruckt wird, auf der Internetseite des Autors gelesen werden kann, damit Anregungen und Verbesserungsvorschläge berücksichtigt werden können.

Die Übersetzung **Neues Leben,** die in Zusammenarbeit von Theologen und Germanisten entstanden ist.

Die **Gute-Nachricht-Bibel,** die in Kooperation der evangelischen Deutschen Bibelgesellschaft und des Katholischen Bibelwerks erstellt worden ist und daher von ihren Herausgebern als einzige ökumenische Bibel im deutschen Sprachraum angesehen wird.

Die 2006 erschienene **Bibel in gerechter Sprache** (→Turmbau zu Babel) versucht in der Neuübersetzung Ansätze der feministischen Theologie (»geschlechtergerechte Sprache«), des jüdisch-christlichen Dialogs und der Befreiungstheologie aufzunehmen. Während sie bei vielen Theologen auf Ablehnung stößt, erfreut sie sich, legt man die bestsellerartigen Verkaufszahlen zugrunde, beim einfachen Gläubigen großer Beliebtheit. Der EKD-Vorsitzende Bischof Wolfgang Huber kritisierte an der Neuübersetzung: »Dass eine Übersetzung immer auch Interpretation enthält, wird hier umgedreht: Die Interpretation wird als Übersetzung ausgegeben. Das ist ein Verstoß gegen das reformatorische Schriftprinzip.«

C

Chinesisch

»Chinesisch« an sich existiert eigentlich gar nicht als Sprache, sondern dient als Sammelbegriff für die zahlreichen regionalen Sprachvarianten im Reich der Mitte, die sich zum Teil voneinander unterscheiden. Dazu gehören: Mandarin, Wu, Yue (Kantonesisch), Jinyu, Xiang, Min Nan, Hakka, Gan-Chinesisch und Min-Bei-Chinesisch. Allein das Mandarin-Chinesisch wird von 885 Millionen Menschen in Kontinentalchina, Taiwan und so ziemlich allen Teilen der Welt gesprochen. Keine Sprachgemeinschaft ist auf so viele Länder verteilt wie die Chinesen. Insgesamt sprechen 1,2 Milliarden Menschen Chinesisch und bilden damit die bei weitem größte Sprachgemeinschaft der Welt. Die meisten Wörter im Chinesischen bestehen nur aus einer Silbe (im modernen Chinesisch gibt es allerdings auch zweisilbige Wörter), weshalb viele Wörter gleich ausgesprochen werden, aber eine unterschiedliche Bedeutung haben. Die chinesische Schrift orientiert sich nicht an der Lautung, sondern an der Wortbedeutung; die gleichlautenden Wörter werden einfach unterschiedlich geschrieben. Beim Sprechen werden die unterschiedlichen Bedeutungen durch die verschiedene Tonhöhe gekennzeichnet. Im Mandarin gibt es vier Tonhöhen (im Kantonesischen allerdings neun). Das Wort »ma« beispielsweise bedeutet je nach Aussprache etwas Verschiedenes: »mā« (mit hohem Ton) = Mama, »má« (mit steigendem Ton) = Hanf, »mă« (mit tiefem Ton, eigentlich: leicht fallend-steigend) = Pferd, »mà« (mit fallendem Ton) = fluchen. Allerdings bedeutet »mā« nicht allein Mama, sondern auch fegen, und »mă« kann auch außer Hanf auch »was?« heißen.

Die für uns exotisch wirkenden chinesischen Schriftzeichen lassen sich in verschiedene Kategorien einteilen. Es gibt: 1.) Zeichen, die tatsächlich konkrete Dinge abbilden (Piktogramme); 2.) Zeichen für abstrakte Begriffe oder Ideen (Logogramme bzw. Ideogramme) wie etwa Zahlzeichen; 3.) kombinierte ideographische Zeichen; 4.) Zeichen, die auf der Phonetik basieren: das Wort für »kommen« schreibt sich beispielsweise wie das Wort für »Weizen«, weil beide Wörter gleich lauten; 5.) zusammengesetzte ideographisch-phonetische Zeichen.

Ungefähr 90 Prozent aller chinesischen Wörter gehören zu dieser letzten Kategorie. In einem durchschnittlichen chinesischen Wörterbuch werden 10.000 verschiedene Zeichen aufgelistet, das umfangreichste Wörterbuch *Zhōnghuá Zìhăi* (1994) enthält 87.000 Schriftzeichen. Chinesische Kinder lernen in der Schule um die 2.000 Zeichen, Gelehrte kommen bis auf 8.000. Um eine chinesische Zeitung lesen zu können, muss man schon mindestens 5.000 beherrschen. Der Ruf des Chinesischen als besonders schwer zu lernende Sprache ist aber nur bedingt begründet. Die zahlreichen Schriftzeichen lassen sich natürlich nur mit viel

Fleiß bewältigen, ebenso erfordert die Aussprache mit den unterschiedlichen Tonhöhen einige Übung. Dafür muss man aber, anders als beim Lateinischen oder Griechischen, keine Deklinationen oder Konjugationen pauken. Immerhin lernen weltweit bereits 30 Millionen Nichtchinesen die Sprache, in Deutschland an die 10.000.

一	iˎ	*eins*	日	žiˎ	*Sonne*
二	l̥`	*zwei*	月	yweˎ	*Mond, Monat*
人 亻	žinˏ	*Mensch*	木	muˎ	*Baum, Holz*
几	ki´	*Bank, Tisch*	气	khi`	*Luft*
凵	khan	*Behälter, Hülle*	父	fu`	*Vater*
厂	han`	*steiles Ufer*	玄	hyuan	*Himmelsbläue*
口	kheu´	*Mund*	生	seṅ	*Entstehung, Leben, Erzeugung*
土 土	thu´	*Erde*	目 罒	moˎ	*Auge*
尸	šiˏ	*Leiche*	米	mi´	*Reis*
山	šanˏ	*Berg*	羊	yaṅ	*Schaf, Ziege*
彡	šanˏ	*Federn*	舌	žeˎ	*Zunge*
彳	tšiˎ	*Schritt, Gang*	舟	tšeu´	*Schiff*
手 扌	šeu´	*Hand*	衣 衤	iˏ	*Kleider, kleiden*
文	wenˏ	*Lieteratur, Züge, Schriftbilder, Streifen*			

Chronogramm

Die römischen Ziffern C (100), D (500), I (= J) (1), L (50), M (1000), V (= U) (5) und X (10) lassen sich als Datum in einer Wortfolge verstecken. Weil die Buchstaben dabei in der Regel großgeschrieben werden, sieht das Schriftbild etwas merkwürdig aus. Chronogramme finden sich hauptsächlich auf Medaillen, Grab- und Grundsteinen, Glocken und in Buchtiteln. Im Mittelalter waren sie als Hausinschriften weit verbreitet. Meist sind die Zahlensymbole als Großbuchstaben oder in Vergoldung hervorgehoben. Im »reinen« enthält jedes Wort ein Zahlzeichen, im »natürlichen« Chronogramm stehen die Zahlen außerdem in der richtigen Reihenfolge: AMORE MATVRITAS = MMVI = 2006. Ein Chronogramm, dessen Text noch als Distichon lesbar ist, heißt *Chronodistichon*.

Beispiele:

NVN**C** GA**LLICIDIVM**

= 1813: Jetzt ist der Tod der Gallier. Gemeint ist die Völkerschlacht bei Leipzig.

SAN**C**TE JOSEPH **L**ABOR**V**M NOSTROR**VM** PROTE**C**TOR F**IDELI**S **L**ABORA NOBIS**CV**M

= 1967: zur Neuerrichtung des Josefskapellchens in Mützenich (Monschau).

Ies**V**s nazaren**V**s re**X** **IVD**aeor**VM**

= (M + D + X + 4x V + 2x I) 1532: Das Jahr des Nürnberger Religionsfriedens.

Men **C**an **M**ake **L**unar e**X**cursions **I**n e**X**travance

= 1969: Das Jahr der Mondlandung.

Musikalische Partituren wurden im Barock gerne mit kryptographischen Eintragungen versehen, auch mit Chronogrammen. So beschließt der überaus originelle und experimentierfreudige Komponist Jan Dismas Zelenka (1679–1745) die Nachschrift seiner Responsorien mit: LaVs et honor VIro DoLoLVM IesV ChrIsto (»Lob und Ehre dem Schmerzensmann Jesus Christus«). Beim Setzen ist hier aber offenbar ein Fehler unterlaufen, denn korrekt muss es *dolorum* heißen. Mit DoLorVM kommt man dann tatsächlich auf 1723 (50 + 5 + 5 + 1 + 500 + 50 + 5 + 1000 + 1 + 5 + 100 + 1), das Entstehungsjahr der Schrift.

D

Denglisch

Sprachpuristen bezeichnen die – tatsächlich oft überflüssige und unschöne – Eingliederung englischer Wörter und Wendungen, auch grammatischer Strukturen ins Deutsche (→Anglizismus) abwertend als Denglisch. Um seiner Kritik am Denglischen medienwirksamen Ausdruck zu geben, verleiht der »Verein Deutsche Sprache« regelmäßig den zweifelhaften Titel *Sprachpanscher des Jahres.*

Bisherige Titelträger:

1997: Die Modeschöpferin Jil Sander für: giving-story, man muss contemporary sein, future-Denken, coordinated concept, Teile einer collection, combinen, audience, supported, refined Qualitäten, spirit, appreciaten, voice, Ladyisches, searcht, effortless, magic des Stils.

1998: Der Vorstandsvorsitzende der Deutschen Telekom, Ron Sommer, für: Sunshine- und Moonshine-Tarif, Short-Distance-Call, City-Call, German-Call.

1999: Der Vorstandsvorsitzende der Deutschen Bahn AG, Johannes Ludewig, für: service point, ticket counter, db-lounge.

2000: Der Rektor der Ludwig-Maximilians-Universität München, Andreas Heldrich, für seinen Vorschlag, die Fakultäten und Fachbereiche in »departments« umzubenennen.

2001: Der Vorsitzende des Bundesverbandes deutscher Bestatter, Wolfgang H. Zocher, für: »funeral master« als neues Berufsbild bei Bestattungsunternehmen, »eternity« als Name für eine jährlich stattfindende Fachmesse sowie »peace box« als Bezeichnung für Sarg.

2002: Der Vorstandsvorsitzende der Deutschen Post AG, Klaus Zumwinkel, für: One stop shopping, Global mail, Mailing Factory, Fulfillment, Stampit, Postage point, Freeway, Easytrade, Funcard mailing, Travel service, Speed booking.

2003: Der DFB-Präsident Gerhard Mayer-Vorfelder für: Home & Away Shirts, Signature Shirts, Reversible Tops.

2004: Der ZDF-Intendant Markus Schächter für: Kiddie contests, Webcam Nights, Sendungen wie »History« und »Nightscreen«.

2005: Der Direktor des Frankfurter Städel-Museums, Herbert Beck, für: Members' Night, Art Talk for Families, Holbein's Lounge.

2006: Der Ministerpräsident des Landes Baden-Württemberg und Erzschwabe Günther Oettinger für seine Prognose in einem SWR-Interview: »Englisch wird die Arbeitssprache. Deutsch bleibt die Sprache der Familie und der Freizeit, die Sprache, in der man Privates liest.«

2007: War wieder einmal die Deutsche Bahn dran, diesmal in Gestalt von Hartmut Mehdorn. »Leider hat die Deutsche Bahn aus diesem ersten Preis nicht viel gelernt«, meinte Vereinsvorsitzender Walter Krämer. »Noch immer gibt es an deutschen Bahnhöfen counter statt Schalter, einen service point statt einer Auskunft, und zum Pinkeln muss man zu McClean.«

Es gibt auch:

Franglais / Franglish (Französisch + Englisch),
Espanglisch (Spanisch + Englisch),
Hinglish (Hindi + Englisch),
Alemañol (Spanisch + Deutsch),
Portuñhol (Portugiesisch + Spanisch)

Deutsch / Deutschland

Deutsch wird nach Angaben des Standardwerks *Ethnologue. Languages of the World* weltweit von 95.392.978 Menschen gesprochen, mit Zweitsprachlern sind es 101 Millionen, sodass es gerade noch als →Weltsprache zählt.

Deutsch ist Amtssprache in (die Sprecherzahlen in Klammern):

Deutschland (75.300.000)
Belgien (78.000, neben Französisch und Flämisch)
Liechtenstein (34.000)
Luxemburg (474.000, zusammen mit Letzeburgisch und Französisch)
Österreich (7.500.000)
Schweiz (5.000.000, Amtssprachen sind außerdem Französisch, Italienisch und Rätoromanisch)

Deutsche Sprachminderheiten:

Argentinien (330.000-350.000) * Australien (200.000) * Brasilien (850.000–900.000) * Chile (20.000) * Dänemark (23.000) * Estland (1.870) * Frankreich (Elsaß und Lothringen: 1.200.000) * Israel (96.000, außerdem →Jiddisch-Sprecher) * Italien (Südtirol: 333.000) * Kanada

(300.000) * Kasachstan (358.000) * Kirgisistan (20.000) * Kroatien (11.000) * Lettland (541) * Litauen (2.060) * Moldawien (7.300) * Mexiko (80.000) * Namibia (25.000) * Niederlande (386.000) * Paraguay (100.000, davon 19.000 Sprecher des Plautdietsch) * Polen (Schlesien: 150.000) * Rumänien (Siebenbürgen: 45.129; seit 1988 sind über 70 Prozent der 500.000 Siebenbürger Sachsen, Banater Schwaben, Donauschwaben und Sathmarer Schwaben nach Deutschland ausgewandert), Russland (europäischer Teil: 75.000, Sibirien: 760.000) * Schweden (20.000, →Jiddisch genießt in Schweden den Status einer Minderheitensprache) * Serbien (5.000, Donauschwaben in der Vojvodina) * Slowakei (5.500) * Slowenien (2.000, Gotscheer) * Spanien (50.000, hauptsächlich zugezogene Touristen auf den Balearen) * Südafrika (41.000) * Tschechien (30.000) * Ukraine (35.000) * Ungarn (250.000, Ungarndeutsche, Donauschwaben) * USA (6.100.000).

Die Angaben über die Sprecherzahlen sind mit äußerster Vorsicht zu genießen. Sie beruhen teilweise auf Hochrechnungen, alten Auswanderungszahlen und anderen unzuverlässigen Quellen, die meisten dürften viel zu hoch liegen. Wie viele aktive Deutschsprecher tatsächlich in den jeweiligen Ländern leben, ist aber schwer zu schätzen.

Sprachminderheiten in Deutschland:

Auf dem Gebiet der Bundesrepublik Deutschland existieren mehrere Sprachminderheiten, die als nationale Minderheiten gelten. Dazu zählen: Dänisch (Südschleswig), →Friesisch (Saterland und Nordfriesland), →Sorbisch (Ober- und Niederlausitz), →Romanes (Sinti und Roma). Das →Niederdeutsche (»Plattdeutsch«) genießt den Status einer »regionalen Sprache«.

Einige weitere in Deutschland gesprochene Sprachen:

Adygeisch * afghanische Sprachen * Albanisch * algerisches Arabisch * Assyrisch (Neuaramäisch * Chaldäisch (Neuaramäisch) * Chinesisch * Englisch * Farsi * Griechisch * Hausa * Hebräisch * Hindi * Italienisch * Japanisch * Kalmückisch * Kapverdisch * Kasachisch * Katalanisch * Koreanisch * Kroatisch * Kurdisch * Litauisch * marokkanisches Arabisch * Niederländisch * Ossetisch * Plattdänisch (Jütisch) * Portugiesisch * Russisch * Spanisch * Tamil * Tarifit * Tigrinya * Tschetschenisch * tunesisches Arabisch * Türkisch * Turkmenisch * Urdu * Uigurisch * Vietnamesisch.

So heisst Deutschland in anderen Sprachen:

(Ableitungen von »deutsch«)

Dänisch: Tyskland
Niederländisch: Duitsland
Isländisch: Þýskaland
Italienisch: Germania (aber »deutsch«: tedesco)
Japanisch: Doitsu (wahrscheinlich vom niederländischen *Duitsland*)
Vietnamesisch: tiêng Dúc

Das englische »dutch« kommt ebenfalls von »deutsch«. Früher wurde zwischen Niederländern und Deutschen nicht so genau unterschieden. Später blieb das »dutch« allein bei den Holländern hängen, die sich also auf Englisch als Deutsche bezeichnen lassen müssen.

Ableitungen von »Sachsen« (womit nicht Obersachsen, sondern allgemein Norddeutschland gemeint ist):

Estnisch: Saksamaa; Finnisch: Saksa

Ableitungen von »Bayern«:

Niedersorbisch: bawory, bawery (allerdings ziemlich veraltet und nur in mundartlicher Verwendung)

Ableitungen von »nem«:

Das urslawische Wort »nem« bedeutet »stumm«. Ähnlich wie die alten Griechen die nichtgriechischen Völker als »Barbaren« (»Stammler«) bezeichnet haben, nannten die alten Slawen alle, die ihre Sprache nicht beherrschten, stumm.

Kroatisch: Njemaćka
Polnisch: Niemcy
Tschechisch: Německo
Ungarisch: Németország

Die Ungarn haben ihre Bezeichnung für die Deutschen dem Slawischen entlehnt. Die Rumänen nannten die Deutschen früher »nemţeşte«, heute ist wieder mehr die romanische Form »germană« in Gebrauch. Im Arabischen heißt Österreich »An-Nimsā«. Wahrscheinlich liegt das daran, dass die Osmanen ihre Nachbarn und Feinde, die Habsburger, als »Deutsche« bezeichneten und der Name dann, ähnlich wie im Falle von »dutch« und den Niederländern, bei den Österreichern hängen blieb, während Deutschland später wohl nach französischem Vorbild »Almanyā« genannte wurde. Man erinnere sich auch an Karl Mays Kara Ben Nemsi. In *Durch die Wüste* erfindet Hadschi Halef Omar den Namen: »Der brave Mensch hatte mich einmal nach meinem Namen gefragt und wirklich das Wort Karl im Gedächtnisse behalten. Da er es aber nicht auszusprechen vermochte, so machte er rasch entschlossen ein Kara daraus und setzte Ben Nemsi, Nachkomme der Deutschen, hinzu.« Ansonsten verwendet May in seinen Orient-Erzählungen auch die Bezeichnungen »Almani« und »Belad el Alman« oder »Almanja« für »Deutscher« und »Deutschland«, zum Beispiel in *Krüger Bei*: »Das Land heißt Belad el Alman; ich bin also ein Almani oder, wenn Du das Wort vielleicht gehört haben solltest, ein Nemsi und heiße Kara Ben Nemsi. Mein Vaterland liegt weit über dem Meere drüben.«

Ableitungen von den Alamannen:

Arabisch: Almanyā
Baskisch: Alemania
Französisch: Allemagne
Náhuatl: Alemantlan
Türkisch: Almanya

Ableitungen von den Germanen:

Als *Germanen* wurden die Deutschen erst wieder in der Renaissance bezeichnet. Die weltweite Verbreitung dieser Ableitung verdankt sich hauptsächlich dem Englischen.

Esperanto: Germanio
Griechisch: Germanía
Ivrit: Germánia
Kiswahili: Ujerumani
Russisch: Germanija

In der britischen →Gebärdensprache (British Sign Language) ist die Gebärde für »deutsch« ein an die Stirn gelegter, nach oben gestreckter Zeigefinger, der angeblich eine Pickelhaube darstellen soll. Übrigens ist die Pickelhaube gar nicht nach ihrer charakteristischen Metallspitze benannt. Die Bezeichnung des 1843 unter Friedrich Wilhelm IV. (1795–1861) in der preußischen Armee eingeführte Helms kommt eigentlich von der mitteldeutschen »Beckenhube« (Beckelhaube – Bickelhaube – Pickelhaube) und ist ein spezieller Helmtyp ohne Visier. Im offiziellen Dienstgebrauch des Kaiserreichs war auch nie von der »Pickelhaube«, sondern stets nur von »Helm« (allenfalls »Helm mit Spitze«) die Rede.

Mark Twain (1835–1910) hat einmal bei einem Bankett zum Amerikanischen Unabhängigkeitstag des Anglo-Amerikanischen Studentenclubs einige Vorschläge zur Verbesserung der deutschen Sprache vorgelegt (übrigens auf deutsch):

> »**Zunächst einmal** würde ich den Dativ weglassen. Er bringt die Plurale durcheinander, und außerdem weiß man nie, wann man sich im Dativ befindet, es sei denn, man bemerkt es zufällig – und dann weiß man nicht, wann und wo man hineingeraten ist oder wie lange man schon darin ist oder wie man jemals wieder herauskommen soll. Der Dativ ist nichts weiter als schmückender Unsinn – es ist besser, ihn abzuschaffen.
>
> **Sodann** würde ich das Verb weiter nach vorne holen. Man mag ein noch so gutes Verb laden, bei der gegenwärtigen deutschen Entfernung bringt man nach meiner Beobachtung das Subjekt nie wirklich zur Strecke – man schießt es nur an. Ich empfehle daher mit Nachdruck, diese wichtige Wortart an eine Stelle vorzuziehen, wo man sie leicht mit bloßem Auge sehen kann.
>
> **Drittens** würde ich ein paar starke Ausdrücke aus dem Englischen importieren – zum Fluchen und auch zur kraftvollen Beschreibung aller möglichen kraftvollen Vorgänge.

Viertens würde ich die Geschlechtszugehörigkeit neu regeln und die Verteilung gemäß dem Willen des Schöpfers vornehmen. Dies schon aus Respekt.

Fünftens würde ich diese großen, langen, zusammengesetzten Wörter abschaffen oder zumindest von dem Sprecher verlangen, sie abschnittweise vorzutragen mit Erfrischungspausen dazwischen. Sie gänzlich abzuschaffen wäre das Beste, denn Gedanken werden leichter aufgenommen und verdaut, wenn sie einer nach dem anderen und nicht zu großen Haufen geballt daherkommen. [...]

Sechstens würde ich von dem Sprecher verlangen, dass er aufhört, wenn er fertig ist, und nicht noch eine Kette dieser nutzlosen »haben sind gewesen gehabt haben geworden sein« hinten an den Satz anhängt. Solcher Tand schmückt das Gesagte nicht, sondern raubt ihm seine Würde. Er ist daher ein Ärgernis und sollte abgeschafft werden.

Siebtens würde ich die Parenthese abschaffen. Desgleichen die Überparenthese, die Oberüberparenthese, die Außenumoberüberparenthese und schließlich auch die letzte, weitreichende, alles umfassende Hauptparenthese. Ich würde von jedermann, ob hoch oder niedrig, verlangen, dass er mir einfach und geradezu mit dem kommt, was er mir erzählen will, oder aber seine Geschichte zusammenrollt und sich darauf setzt und Ruhe gibt. Übertretungen dieses Gesetzes müssten mit dem Tode bestraft werden.

Und **achtens** und letztens würde ich »Zug« und »Schlag« mit allen ihren Anhängseln behalten und das übrige Vokabular abschaffen. Dies würde die Sprache sehr vereinfachen.

[...]

Aufgrund meiner philologischen Studien bin ich überzeugt, dass ein begabter Mensch Englisch (außer Schreibung und Aussprache) in dreißig Stunden, Französisch in dreißig Tagen und Deutsch in dreißig Jahren lernen kann. Es liegt daher auf der Hand, dass die letztgenannte Sprache zurechtgestutzt und repariert werden sollte. Falls sie so bleibt, wie sie ist, sollte sie sanft und ehrerbietig zu den toten Sprachen gestellt werden, denn nur die Toten haben genügend Zeit, sie zu lernen.«

Deutsche Demokratische Republik

In den vierzig Jahren seines Bestehens hat der Arbeiter-und-Bauern-Staat eine ganze Reihe von Wörtern und Wendungen hervorgebracht, die nur auf seinem Territorium gebräuchlich waren. Dabei ist zwischen dem tatsächlichen allgemein verwendeten und dem staatlich verordneten, offiziellen Sprachgebrauch zu unterscheiden.

Kleines DDR-Wörterbuch (natürlich nur eine schmale Auswahl):

ABV __ Abschnittsbevollmächtigter. Volkspolizist, der als Ansprechpartner für ein bestimmtes Wohngebiet zuständig war

Aktendulli (kurz auch: **Dulli**) __ Heftstreifen aus PVC zum Zusammenhalten einzelner Zettel im Aktenordner

Altstoffsammlung (Altstoffhandel) __ Sammeln von **Sekundärrohstoffen**, also Altpapier und Altglas, oft durch Kinder

Aluchips __ Kleingeld

Antifaschistischer Schutzwall __ Berliner Mauer, auch allgemein Grenze zur Bundesrepublik
Arbeiter-und-Bauern-Staat __ DDR
Arbeiterschließfach __ Plattenbauwohnung
A&V __ An- und Verkauf / Secondhandladen
Balkanschreck/Balkanziege __ rumänischer Kleintransporter ARO
Bienchen __ Belobigungsstempel des Lehrers (der eine fleißige Biene zeigt)
Blaue Fliesen __ Westgeld (die blauen Hunderter)
Blauer Klaus, Blauer Würger __ Klarer »Juwel«, billiger Kornschnaps mit blauem Etikett
Blockflöten __ neben der SED bestehende kleine (Block) Parteien und deren Mitglieder
Brettsegeln __ Windsurfen (nur offiziell, hat sich nie durchgesetzt)
Brigade __ kleinstes Kollektiv im Produktionsprozess, für einen bestimmten Bereich verantwortliche Arbeitsgruppe
Broiler __ siehe **Goldbroiler**
Bück(e)ware __ Ware, für die sich der Verkäufer (tatsächlich oder im übertragenen Sinne) unter den Ladentisch bücken musste, sprich: rare und begehrte Waren, die nur auf besondere Nachfrage, im Tausch oder an Freunde und Bekannte herausgerückt wurde.
CA __ sowjetische Armee, nach den kyrillischen Buchstaben »CA« auf den Fahrzeugen der Roten Armee, auch als »Camping Allemagne«, »Campingplatz Afghanistan« oder »Circus Aljoscha« bezeichnet.
Centrum-Warenhaus __ Kaufhauskette

Club-Cola __ DDR-Cola
Datsche __ Wochenendhäuschen im Grünen
Dederon __ Name für Polyamid (in der BRD: Perlon)
Delikat-Laden, auch **Deli** __ Lebensmittelgeschäfte
Delikatesshering/Delihering __ Bismarckhering (aus political correctness)
Devisen __ frei konvertierbare Währung (DM oder Dollar)
Diversant __ Agent, Saboteur
Elaste __ siehe **Plaste**
Essensgeldturnschuh, Essensgeldflitzer (auch **Stoffdidas**) __ Turnschuhe aus Stoff mit Gummisohlen, die 2,75 Mark gekostet haben, was dem wöchentlichen Essensgeld der Schulspeisung entsprach
Exquisit-Laden oder **Ex-Laden** __ Ladenkette für Kleidung und Kosmetika
Fahne __ Nationale Volksarmee (»zur Fahne müssen«)
Fahrerlaubnis __ nicht nur Befugnis zum Autofahren, sondern auch das Führerscheindokument selbst
Feierabendheim __ Altersheim
Firma __ Stasi
Fit __ Spülmittel, DDR-Pendant zu »Pril«
Forumschecks __ DDR-Bürger mussten seit 1979 Valuta in Forumschecks umtauschen, womit sie in den **Intershops** bezahlen konnten. Auch als Zweitwährung in Gebrauch (»FORUM geht es?«)
Frauenruheraum __ in Betrieben und Schulen besonders für Schwangere, aber auch allgemein für Frauen eingerichteter Raum

Freunde (die) __ Sowjetunion, Sowjets, sowjetische Soldaten
Fruchtstielbonbon __ Dauerlutscher
Früh-und-Spät-Verkaufsstelle __ Verkaufsstellen, die geöffnet blieben, damit die Schichtarbeiter sich versorgen konnten
Gastmahl des Meeres __ in jeder Bezirksstadt vorhandene Gaststätte, in der Meeresfrüchte angeboten wurden
Genex __ Versandhandel für meist in der DDR hergestellte Waren, die nur gegen Devisen zu haben waren und aus dem »nichtsozialistischen Wirtschaftsgebiet« in die DDR verschickt wurden
Genosse __ offizielle Anrede in der Partei und bei der NVA
Gesellschaftliche Aktivität __ Ehrenamt
Getränkestützpunkt __ Verkaufsstelle für Getränke, die oft noch am Abend oder am Wochenende geöffnet blieb
Goldbroiler __ Grillhähnchen. Achtung: Beim Broiler handelt es sich wahrscheinlich nicht um eine originale DDR-Wortschöpfung. Jedenfalls gibt es das Wort auch im Norwegischen (zumindest in der Variante Bokmål), im Finnischen (Broilerinfileetä«) und Suaheli.*
Goldene Hausnummer __ Auszeichnungen für Hausge-

---

* Die Geschichte erweist sich als so kompliziert, dass mir hier eine Fußnote am Platze scheint. Also: Der eigentlich amerikanische Ausdruck »broiler« bezeichnet in der Fachsprache der Geflügelzüchter ein zur Mast bestimmtes Huhn. In den 60er-Jahren wurde »Broiler« in der DDR – aber auch in anderen Ländern des Ost-blocks – als allgemeine Bezeichnung für das Brathähnchen gebräuchlich, vermutlich weil die bulgarische Geflügelzüchterei, von der die DDR ihre Hühner bezog, den Markennamen »brojleri« benutzte. Die einen behaupten nun, dass es einer amerikanischen Firma gelungen war, ein besonders fleischreiches Brathuhn zu züchten, das in den Ostblock exportiert wurde. Aus politischen Gründen soll das über Bulgarien geschehen sein. Andere Quellen bezeichnen wiederum die Bulgaren als Erfinder des Broilers.

meinschaften, die sich bei Pflege und Gestaltung ihres Hauses hervorgetan haben

Goldener Westen __ Bundesrepublik

Grilletta __ Hamburger

Großer Bruder __ Sowjetunion

Gruppenratsvorsitzender __ Klassensprecher bei den Pionieren

Halle __ Kurzform für **Kaufhalle**

Hauptschwerpunkt __ Schwerpunkt der Schwerpunkte

Hausgemeinschaft __ Bewohner eines Hauses

Havarie __ Stromausfall, Wasserrohrbruch et cetera

Interhotel __ gehobene Hotelkette, für Gäste aus dem »nichtsozialistischen Ausland«

Intershop __ Läden mit westlicher Importware, nur gegen **Valuta** oder **Forumschecks** erhältlich

Jahresendflügelfigur __ Weihnachtsengel. Die Bezeichnung sollte offiziell eingeführt werden, konnte sich aber nie durchsetzen. Eine Bürgerin der DDR entdeckte sie auf einem Beipackzettel und informierte das Satiremagazin *Eulenspiegel*, das eine Abbildung der kuriosen Bezeichnung brachte und so für seine Bekanntheit sorgte.

Jugendclub __ organisierte Disko

Junge Pioniere __ Staatliche Kinderorganisation

Kader __ Personal

Kaffee-Mix __ Ersatzkaffe, auch »Erichs Krönung«

Kaufhalle __ Supermarkt

Ketwurst __ DDR-Variante des Hot Dogs

Kolchose __ eigentlich landwirtschaftlicher Großbetrieb in der SU, in der DDR abwertend für LPG

Kolja __ russischer Soldat (nicht unbedingt abwertend verwendet)

Kollektiv __ Team
Kombinat __ Zusammenschluss volkseigener Betriebe (VEB)
Konsum __ Lebensmittelgeschäft der Konsumgenossenschaft, der größten Handelskette der DDR neben der Handelsgenossenschaft (HO)
Kosmonaut __ Astronaut
Krusta __ DDR-Pizza
Kulturschaffender __ Künstler
Kundschafter des Friedens __ DDR-Spion
Lederol __ Kunstleder
linientreu __ mit den Statuten und Beschlüssen der Partei- und Staatsführung auf einer Linie
Lipsi __ Modetanz, der 1959 an die Stelle des Rock 'n' Roll treten sollte
LPG __ Landwirtschaftliche Produktionsgenossenschaft
Messe der Meister von Morgen __ Jugend forscht
Mocca-Fix __ fertig gemahlener Kaffee, 8,75 EVP
Mondos __ Kondome
Neuerer __ Erfinder, der in einen Betrieb brauchbare Vorschläge zur Verbesserung und Einsparung einbringt
Nichtsozialistisches Wirtschaftsgebiet __ (NSW) kapitalistische Länder
Nicki __ T-Shirt, nicht zu verwechseln mit dem westdeutschen Pullover aus Kunstfaser
Nietenhose __ Jeans
Ochsenkopfantenne __ nach dem Sender auf dem Ochsenkopf im Fichtelgebirge, Fernsehantenne zum Empfang von **Westfernsehen**
Pappe __ Trabant, dessen Karosserie großenteils aus Kunststoff bestand

Partei __ SED
Pionierhaus __ Freizeiteinrichtungen der Pioniere
Plaste __ Plastik, Kunststoff (»Plaste und Elaste aus Schkopau«), Plastebeutel
Platte __ mehrstöckiges Gebäude aus vorgefertigten Betonteilen
Plaziert werden __ In der DDR wurden die Gäste eines Restaurants von einem Kellner an den Tisch geleitet (»Bitte warten, Sie werden plaziert!«)
Poliklinik __ Ärztehaus
Polylux __ in der DDR hergestellter Overheadprojektor (zugleich Synonym für Overheadprojektor)
Popgymnastik __ Aerobic
Prena-Band __ DDR-Tesa-Film
Rauhfutterverzehrende Großvieheinheit __ offizielle Sprachregelung für Kuh
Reisekader __ Wissenschaftler oder überhaupt jemand, der ins nichtsozialistische beziehungsweise auch sozialistische Wirtschaftsgebiet (SW-Kader) reisen durfte
Rennpappe __ Trabant
Rotlichtbestrahlung politische Indoktrination etwa in Form von Lehrgängen
Rübermachen __ in die BRD ausreisen und nicht wiederkommen. Man *ist* rübergemacht, nicht: man hat rübergemacht!
Sättigungsbeilage __ Kartoffeln, Nudeln, Reis und anderes
Schachtschnaps __ billiger Alk, der nur auf Bezugsschein an Bergleute zu haben war, deswegen auch »Kumpeltod« genannt
Schnelle medizinische Hilfe(SMH) __ Erste Hilfe

Schrottgorod __ Eisenhüttenstadt
Schwangerschaftsunterbrechung __ Abtreibung
Sichtelement __ Plakat, Werbetafel und ähnliches
Soljanka __ Suppe nach russischem Rezept
Spartakiade __ Sportturnier an Schulen
Stabi/Stabü __ Staatsbürgerkunde
Stadtbilderklärer __ Stadtführer
Stasi __ Ministerium für Staatssicherheit
Stomatologe __ Zahnarzt
Subbotnik __ »freiwilliger« unbezahlter Arbeitseinsatz an Samstagen
Sudel-Ede __ Karl-Eduard von Schnitzler, Redakteur und Moderator der Fernsehsendung *Der Schwarze Kanal*
Tal der Ahnungslosen __ Raum Dresden, wo das Westfernsehen aufgrund der Tallage und der Entfernung zur BRD nicht empfangen werden konnte
Territorium __ Privatgrundstück
Trabi __ Trabant
Trapo __ Transportpolizei (auf Bahnhöfen und in grenznahen Gebieten)
Tschekist __ offizielle Bezeichnung für Mitarbeiter des MfS
Unionsfreund __ Mitglied der DDR-CDU
urst __ bis ungefähr Mitte der 80er Jahre jugendsprachlich für »sehr« oder »saugeil« (»Ist ja urst«, »Das war urst schau«)
Valuta __ (Bar-)Geld frei konvertierbarer Währungen (Westgeld)
VEB __ Volkseigener Betrieb
VEB Gleichschritt __ Nationale Volksarmee
Vitamin B __ nützliche Beziehungen

Völkerfreundschaft __ internationale Freundschaft insbesondere zu Ostblockländern und Ländern der Dritten Welt

Weiße Mäuse __ angeblicher Volksmund für Verkehrspolizisten

Weltniveau __ wenn Leistungen der DDR das Niveau des Westens erreichten oder es zumindest sollten

Werktätige __ Berufstätige

Westantenne __ zum Empfang westdeutscher Sender geeignete Antenne

Westpaket __ Geschenkpakete von Verwandten aus der BRD. Musste mit der Aufschrift »Geschenksendung, keine Handelsware« gekennzeichnet und mit detaillierter Liste aller Waren versehen werden

Wohnklo mit Küche __ 1-Zimmer-Wohnung

Wurfscheibe __ Frisbee-Scheibe

Würzfleisch __ Ragout fin

Zellstofftaschentuch (»Zellstoff«) __ Papiertaschentuch

Zielstellung __ Zielsetzung

»Zum Goldbroiler« __ »Wienerwald«

Deutsche Dialekte (die wichtigsten)

Niederdeutsche Dialekte:

Niederfränkisch: Holländisch, Brabantisch-Ostflämisch, Westflämisch-Seeländisch, Südniederfränkisch.

Westniederdeutsch: Westfälisch (Münsterländer, Emsländer Platt usw.), Ostfälisch (Braunschweiger, Hildesheimer Platt usw.)

Nordniedersächsisch (»Standard-Niedersächsisch«: ostfriesisches, Bremer, auch Schleswigsches Platt)
Ostniederdeutsch: Brandenburgisch (Märkisch), Mecklenburg-Vorpommersch, Ostpommersch (ausgestorben), Niederpreußisch (ausgestorben)

MITTELDEUTSCHE DIALEKTE:
Westmitteldeutsch: Ripuarisch (Kölsch), Moselfränkisch (Trierisch, Eifel, Siegerland), Rheinfränkisch (Pfälzisch, hessische Dialekte)
Ostmitteldeutsch: Thüringisch-Obersächsisch, Schlesisch (so gut wie ausgestorben), Hochpreußisch (ausgestorben)

OBERDEUTSCHE DIALEKTE:
Nordoberdeutsch: Ostfränkisch (Mainfränkisch, Vogtländisch, Erzgebirge), Südfränkisch (Karlsruhe, Heilbronn)
Westoberdeutsch (Alemannisch): Schwäbisch, Bodenseealemannisch, Oberrheinalemannisch, Hochalemannisch, Höchstalemannisch (Schweizerdeutsche Dialekte, Vorarlberg)
Ostoberdeutsch (Bairisch): Nordbairisch (Oberpfalz), Mittelbairisch (Niederbayern, Oberbayern, Niederösterreich, Oberösterreich, Wien), Südbairisch (Tirol, Südtirol, Kärnten)

DEUTSCHE DIALEKTE IM AUSLAND:
Die **Amischen** (Amish), eine deutsche Mennonitengruppe, die inzwischen in den ganzen USA lebt, sprechen das sogenannte Pennsylvaniadeutsch, das bis zur Mitte des letzten Jahrhunderts von immerhin 800.000 Menschen im südöstlichen Pennsylvania gesprochen wurde. In Indiana spre-

chen die Amischen auch Schwyzerdütsch. »Pennsylfaanisch Deitsch« ist im Grunde Pfälzisch mit englischen Lehnwörtern durchsetzt.

Das Hutterische der **Hutterer**, die in Kanada und den USA in 465 Kolonien leben, beruht auf einer bairisch-österreichischen Grundlage. Die täuferischen Hutterer führen sich auf den Charismatiker Jakob Hutter (gestorben 1536) zurück.

Plautdietsch wird vor allem in Nord- und Südamerika sowie in Russland und der Ukraine gesprochen.

Das **Riograndenser Hunsrückisch** (»hunriqueano riograndense«), auch *Riograndenisch* oder *Katharinensisch*, wird in Südbrasilien, besonders im Bundesstaat Rio Grande do Sul, von deutschen Auswanderern gesprochen, die aus Idar-Oberstein, Rheinböllen, Simmer, Morbach und Kastellaun stammen, wurde aber von Dialekten und Sprachen anderer Immigranten (Bayern, Pommern, Italienern, Portugiesen) beeinflusst. Auch weil der Gebrauch der deutschen Sprache während des Zweiten Weltkriegs in Brasilien unter Strafe stand, haben sich die deutschen Einwanderer sprachlich weitgehend assimiliert.

DIALEKT

Ob es sich bei einem bestimmten Idiom um einen Dialekt oder eine eigenständige Sprache handelt, ist oft schwer zu entscheiden. Zudem ist das nicht allein eine sprachwissenschaftliche, sondern auch eine politische Frage. Zum Beispiel ist das Niederländische sprachwissenschaftlich gesehen ein deutscher Dialekt, allerdings auch Staatssprache des

Königreichs der Niederlande und wird daher als eine eigenständige Sprache betrachtet. Auch das Kriterium der gegenseitigen Verständlichkeit greift nicht immer. So können sich Dänen, Norweger und Schweden einigermaßen miteinander verständigen, insofern könnte man von einer einzigen skandinavischen Sprache reden (zu der aber wiederum Isländisch nicht gehört), die sich in die Dialekte Norwegisch, Dänisch und Schwedisch aufzweigt. Trotzdem müssen ein Niederdeutsch- und ein Schwäbisch-Sprecher Hochdeutsch miteinander reden, obwohl sie beide Deutsche sind. Von dem großen Jiddisten Max Weinreich (1894–1969) stammt ein berühmtes Unterscheidungskriterium zwischen Sprache und Dialekt: »A shprakh iz a dialekt mit an armey un flot.«

Die Erfindung der Dialektologie

Im Buch der Richter (12,5–6) wird erzählt, wie die Männer von Gilead die Jordanübergänge besetzten, die nach Ephraim führten. Wenn ein flüchtiger Ephraimit hinüberwollte, fragten sie ihn, ob er aus Ephraim stamme. Sagte er nein, forderten sie ihn auf, das Wort »Schibboleth« (»Getreideähre« oder »fließender Bach«) auszusprechen. Sagte er dann in seinem ephraimitischen Dialekt »Sibboleth«, schlugen sie ihn tot. Damit ist nicht nur zum ersten Mal in der Literatur ein Losungswort zum Einsatz gekommen, die Männer von Gilead haben zugleich die (in der Regel sonst nicht so blutige) Disziplin der Dialektologie begründet.

Duzen

Während die Sie-Form Distanz, Förmlichkeit oder Respekt ausdrückt, signalisiert das Du besondere Vertraulichkeit – oder Dominanz, wenn beispielsweise ein Höhergestellter den Rangniederen duzt, der ihn aber weiter siezt. Damit hat das Duzen die Funktion des ab dem 17. Jahrhundert gebräuchlichen →Erzens übernommen. Bis in das 19. Jahrhundert hinein galt unter Studenten der Duz-Comment (das sogenannte Bruder-Du bestand auch im österreich-ungarischen Offizierskorps), der später nur noch innerhalb ein und derselben Verbindung bestand. Noch in den 60er-Jahren des vergangenen Jahrhunderts haben sich Studenten untereinander gesiezt. Das hat sich mit 68 wieder geändert. In Skandinavien ist seit den 70er-Jahren das Du gang und gäbe, im Deutschen ist es immer mehr auf dem Vormarsch.

Im Englischen hat es mit der Duzerei seine Tücken, weil die alte Höflichkeitsform »you«, die eigentlich die zweite Person Plural ist, zur zweiten Person Singular mutiert ist. Das ältere »Thou« findet sich nur noch in der St. James Bible oder im Gebet; auch die Quäker verwenden es noch, zumindest die ältere Generation. Jedenfalls signalisiert das Pronomen »you« nicht mehr, ob es förmlich oder intim gemeint ist. Aber natürlich besteht auch im Englischen der Unterschied zwischen Du und Sie weiter. Er wird angezeigt, indem entweder der Vor- oder der Nachname verwendet wird. Zusätzlich kann noch auf den »Mister« oder »Miss/Mrs.« (oder »Ms.«, bei dem man nicht unterscheiden kann, ob die Dame verheiratet ist oder nicht) beziehungsweise sogar auf »Sir« oder »Ma'am« (die Königin!) zurückgegriffen werden. Deswegen ist das Anhängsel »Sir!« beim Militär unerlässlich, weil nur dadurch der Rangunterschied angezeigt wird.

Nicht ausdrücklich erlaubtes Duzen kann vor deutschen Gerichten durchaus als Beleidigung (Paragraph 185) beurteilt und bestraft werden, und zwar nicht nur, wenn Amtspersonen wie Polizeibeamte unaufgefordert geduzt werden (was um die 500 Euro kostet). Allerdings kann es auch anders kommen. Als im April 2005 der Schlagerkomponist Dieter Bohlen bei einem Wortwechsel einen Polizisten geduzt und der daraufhin Anzeige erstattet hatte, lehnte der Hamburger Amtsrichter den Strafbefehl der Staatsanwaltschaft mit der Begründung ab, dass der Pop-Titan jedermann zu duzen pflege und somit lediglich eine »Unhöflichkeit ohne ehrverletzenden Inhalt« vorliege. Als die Staatsanwälte sich deswegen beschwerten, entschied die Große Strafkammer des Landgerichts: Dieter Bohlen darf Beamte duzen. Quod licet Iovi …

E

Echolalie

Echolalie heißt der Zwang, Sätze oder Wörter von Gesprächspartnern zu wiederholen. Er tritt beim Tourette-Syndrom, bei Schizophrenie, Alzheimer oder Autismus auf. Bei der *Palilalie* wiederholt der Patient sich selbst, wobei die Sprechgeschwindigkeit steigt, während die Lautstärke sinkt.

Erzen

Geerzt wurden früher rangniedere Personen oder Untergebene. Heute ist die dritte Person Singular als Anredeform allenfalls noch in der deutschen Hauptstadt üblich (»Berliner Er«): »Hat er denn einen gültigen Fahrausweis?« Jedenfalls gibt es Menschen, die behaupten, so angesprochen worden zu sein.

Eselsbrücke

Eselsbrücken sind Merksprüche, die beim Auswendiglernen helfen. Woher die Bezeichnung kommt, ist nicht vollkommen klar. Die *pons asinorum* war in der Scholastik eine schematische Zeichnung, die logische Begriffsverhältnisse darstellte, genauer gesagt, handelt es sich um ein Diagramm, das die aristotelische Lehre zur Auffindung des Mittelbegriffs zum Beweis der verschiedenen Schlusssätze im Syllogismus veranschaulichen sollte. Erfunden hat sie wohl der französische Theologe und Logiker Petrus Tartaretus (gestorben um 1522). Aber wahrscheinlich verdankt bereits diese Lernhilfe ihren Namen dem Umstand, dass Esel sich traditionell weigern, Flüsse oder Bäche zu durchwaten, weswegen man eigens kleine Brücken für die eigensinnigen Lasttiere baute, die dann als Umweg ans Ziel führten.

Einige Eselsbrücken:

Trenne nie das »s« vom »t«
denn es tut den beiden weh.*

Wer brauchen ohne zu gebraucht, braucht brauchen
gar nicht zu gebrauchen.
Das Verb »brauchen« steht mit erweitertem Infinitiv.

Gründung Roms 753 v. Chr.:
Sieben, fünf, drei – Rom kroch / schlüpft aus dem Ei.

* Der Spruch ist inzwischen überflüssig. Zwischen »s« und »t« darf nach der neuen Rechtschreibung getrennt werden.

Ermordung Caesars 44. v. Chr.:
Iden Märzen vierzig vier, packten Brutus Neid und Gier.

Berechnung des Kugelvolumens:
Innen hat die Kugelei
4/3 Pi mal r hoch drei.
Kugelvolumen: $V = (4/3)\pi r^3$

Die sechs Passionssonntage:
In rechter Ordnung lerne Jesu Passion
1. Invokavit
2. Reminiszere
3. Okuli
4. Lätare
5. Judika
6. Palmarum

Die neun Musen:
Kliometerthal euer Urpokal
Klio, **Mel**pomene, **Ter**psichore, **Thal**ia, **Eu**terpe, **Er**ato, **Ur**ania, **Po**lyhymnia, **Kal**liope

Eskimo

Zur Sprachfamilie des Eskimo-Aleutischen gehören elf Sprachen, die sich vor schätzungsweise 6.000 Jahren ins Eskimo und ins Aleutische (das nur durch eine einzige Sprache, eben das Aleutische, repräsentiert ist) aufgegliedert haben. Die Eskimo-Sprachen sind ihrerseits in zahlreichen regionalen Varianten wie dem Yupik und Inuit vertreten; die sibirischen Varianten (auch im westlichen Alaska) gehören zur Yupik-, die des arktischen Nordamerika und Grönland zur Inuit-Gruppe. Die meisten der ungefähr noch 75.000 Eskimo-Sprecher leben in Grönland (40.000) und Dänemark (7.000). Die Bezeichnung »Eskimo« kommt aus dem Cree und bedeutet »Rohfleischesser«. Von den Cree haben die Eskimos nicht nur den Namen, sondern auch eine Schrift, die bis heute auf Baffinland gebraucht wird.

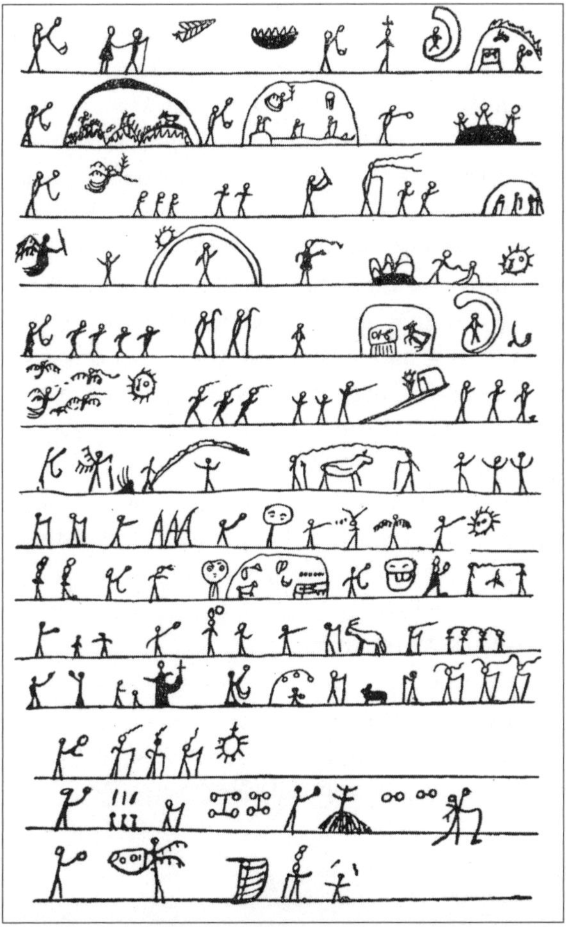

Bevor die Eskimos die Cree-Schrift benutzt haben, waren auch Bilderschriften in Gebrauch. Hier die Weihnachtsgeschichte in einer Eskimo-Bilderschrift

Esperanto

Esperanto, die berühmteste und meistgesprochene aller →Plansprachen, ist eine Erfindung des polnischen Augenarztes Ludwik Zamenhof (1859–1917). Erstmals veröffentlichte er sein Konzept unter dem →Pseudonym Esperanto (der Hoffende), das sich als Benennung seiner Erfindung einbürgerte und bald die offizielle Bezeichnung *Lingvo Internacia* ablöste. Esperanto kann einige beeindruckende Erfolge verbuchen. Die erste Esperanto-Zeitung *La Esperantisto* kam bereits 1889 heraus, am ersten weltweiten Esperanto-Kongress 1905 beteiligten sich fast 700 Delegierte aus 20 Ländern. Im selben Jahr wurde auch das *Fundamento de Esperanto* veröffentlicht, in dem Grammatik und Wortschatz des Esperanto »für die Esperantisten aller Zeiten verbindlich« niedergelegt sind. Heute erscheinen verschiedene Zeitungen und Zeitschriften in Esperanto. Die Bibel und der Koran sind übersetzt; es gibt aber auch einige Esperanto-Literatur und Radioprogramme. Über die genaue Sprecherzahl schwanken die Schätzungen. Als Weltsprache vermag es sich gegen das Englische jedoch kaum durchzusetzen. Im 20. Jahrhundert hat es außerdem politischen Widerstand gegen die Verbreitung des Esperanto gegeben, in Nazi-Deutschland und der Sowjetunion der 30er Jahre sind die Esperantisten sogar scharf verfolgt worden.

Die 16 grammatischen Regeln des Esperanto:

1. »La« ist der einzige Artikel
2. Alle Substantive enden auf »-o«; für den Plural wird ein »-j« angehängt. Es gibt zwei Fälle: Nominativ und Ob-

jektsfall (der auf »-n« endet). Andere Bedeutungen werden durch Präpositionen ausgedrückt.

3. Alle Adjektive enden auf »-a« und kongruieren mit dem Substantiv.
4. Zahlwörter sind unveränderlich.
5. Die Pronomina heißen »mi«, »vi«, »l«, »si«, »gi«, »vi« und »ili«.
6. Verben haben innerhalb einer Zeitform immer die gleiche Endung. In Tempora gibt es: Präsens, Imperfekt und Futur, an Modi: Indikativ, Konjunktiv, außerdem fünf Partizipialformen.
7. Adverbien enden auf »-e«.
8. Präpositionen erfordern den Nominativ.
9. Es gibt keine stummen Buchstaben.
10. Die Betonung fällt auf die vorletzte Silbe.
11. Komposita lassen sich durch Verbindung von Wurzeln bilden.
12. Pro Satz ist nur ein Verneinungswort zulässig.
13. Bei Substantiven, die auf »wo?« antworten, wird der Objektsfall verwendet.
14. Eine unbestimmte Präposition (»je«) wird verwendet, wenn eine andere Präposition unklar wäre.
15. Die Schreibweise von Lehnwörtern richtet sich nach den orthographischen Regeln.
16. Das »a« des Artikels und das »o« des Substantivs dürfen aus Gründen des Wortklangs weggelassen werden.

Berühmte Esperanto-Sprecher:

Ingemund Bengtsson (ehemaliger schwedischer Parlamentspräsident), Daniel Bovet (Nobelpreisträger für Medizin), Rudolf Carnap (Philosoph), Alfred Hermann Fried

(Friedensnobelpreisträger), Franz Jona (ehemaliger österreichischer Bundespräsident), Harry Harrison (Science-Fiction-Autor), Max Mangold (Redakteur des Aussprache-Duden), Ludwig Renn (Schriftsteller), Wolfgang Stammberger (früherer Bundesjustizminister)

Esperanto-Literatur:

Bereits 1887 veröffentlichte Zamenhof eine Übersetzung des Vaterunser, des Anfangs des Buches Genesis und zweier Gedichte Heinrich Heines. Die gesamte →Bibel wurde 1926 übersetzt. In den 1920er-Jahren kam es dann zu einer originalen Esperanto-Literatur: Die Ungarn Kálman Kalocsay (1891–1976) und Julio Baghy (1891–1964) schrieben einige bemerkenswerte Gedichte und Romane auf Esperanto. Als der bedeutendste Esperanto-Schriftsteller überhaupt gilt der Schotte William Auld (1924–2006), der 1999 und 2000 sogar für den Literaturnobelpreis vorgeschlagen wurde. Weitere bekannte Schriftsteller heute sind der spanische Satiriker Jorge Camacho (geboren 1966), die Kroatin Spomenka Štimec (geboren 1949), schließlich die Grande Dame der Esperanto-Literatur, die Engländerin Marjorie Boulton (geboren 1924), die auch eine Biographie des Esperanto-Erfinders Zamenhof veröffentlicht hat. 1993 wurde das Esperanto-PEN-Zentrum als Sektion in den Internationalen PEN-Club aufgenommen.

Etruskisch

Etruskisch wurde in der Antike in Mittel- und Norditalien gesprochen, hauptsächlich in der heutigen Landschaft Toscana, die von den Etruskern, die von den Römern *Tusci* genannt wurden, ihren Namen hat. Die Griechen nannten die Etrusker »Tyrrhenoi« (daher das Tyrrhenische Meer). Die Herkunft der Etrusker gilt neuerdings als geklärt. Was Herodot schon vor über zweitausend Jahren vermutete, haben Genetiker der Universität Pavia im Jahre 2007 bestätigt: Die Etrusker waren in Italien kein autochthones Volk, sondern sind im 12. oder 13. Jahrhundert v. Chr. aus dem Nahen Osten eingewandert. Das Etruskische ist keiner neueren Sprache verwandt; vermutlich stehen die alte vorgriechische Sprache der Insel Lemnos und das Rätische in Norditalien mit ihr in Zusammenhang. Als gesprochene Sprache starb es um Christi Geburt aus, wurde allerdings als Ritualsprache bis ins 5. Jahrhundert verwendet. Noch als 408 die Westgoten vor Rom standen, sollen die heidnischen Priester etruskische Gebete gesprochen haben, um die Eroberung zu verhindern. Theodor Mommsen nennt im ersten Band seiner *Römischen Geschichte* die etruskische Sprache »eine unerträglich harte und rauhe Sprache«. Aber immerhin haben die Etrusker den Römern das Lesen und Schreiben beigebracht. Die Etrusker hatten ihrerseits das Alphabet von den Griechen (→Griechisch) übernommen – wahrscheinlich schon bevor sie nach Italien kamen. Obwohl es ein überaus reiches etruskisches Schrifttum gegeben haben muss, sind wenige

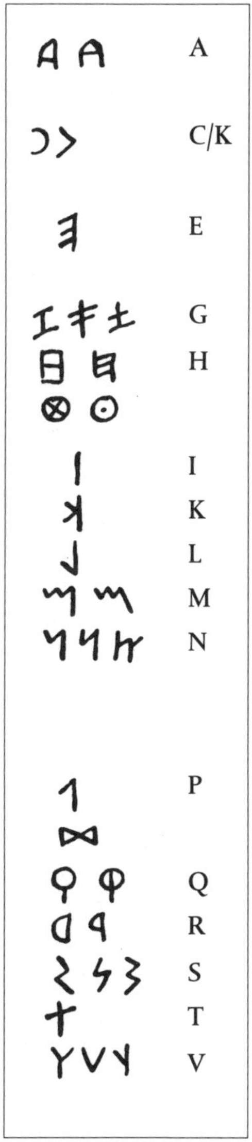

längere Texte überliefert. Allerdings hat das Lateinische viele etruskische Lehnwörter aufgenommen, die auch in zahlreichen modernen Sprachen eine wichtige Rolle spielen. »Persona« (Person), »populus« (Volk), »elementum« (Element, ursprünglich waren die Buchstaben des Alphabets damit gemeint), »stilus« (Schreibgriffel, daher später auch: Schreibstil) sind etruskischer Herkunft.

Euphemismus

Euphemismen sind Wörter, die Unangenehmes, Anstößiges oder Unheildrohendes schön umschreiben. Die alten Griechen nannten beispielsweise die Rachegöttinnen *Eumeniden* (die Wohlmeinenden). Ein schönes deutsches Wort für Euphemismus ist »Hehlwort«. Traditionell werden Tod und Sterben euphemistisch ausgedrückt: das Zeitliche segnen, heimgehen, verscheiden, entschlafen. Die Palette zwischen pietätvoll und salopp ist sehr breit. Auf Französisch heißt es »fermer son parapluie« = »seinen Regenschirm schließen« oder »n'avoir plus mal aux dents« = »keine Zahnschmerzen mehr haben«. Besonders das Englische verfügt über eine reiche Auswahl an Euphemismen für »sterben«: »to pass away«, »to make one's bow« = »seinen Abschied nehmen«, »to kick the bucket« = »den Kübel umschmeißen« oder »to cut the painter« = »die Fangleine kappen«. Auch der Name des Teufels wird zu euphemistischen Zwecken umschrieben oder verfremdet (»Deixel«, »der Leibhaftige«). So ein Euphemismus hält sich allerdings nicht ewig. Wenn er sich im allgemeinen Wortgebrauch durchgesetzt hat, um einen unangenehmen Sachverhalt zu verschleiern, nimmt er meist irgendwann die negative Bedeutung seines Vorgängerausdrucks an und wird dann als Ironie aufgefasst – und schließlich durch einen neuen Euphemismus abgelöst. Manche Euphemismen werden bereits kurz nach ihrer Erfindung als Ausdruck von Doppelmoral oder Zynismus erkannt.

Unwörter des Jahres:

Seit 1991 bestimmt eine Jury an der Universität Frankfurt am Main aus Zuschriften von Bürgerinnen und Bürgern das Unwort des Jahres.

1991 ausländerfrei
1992 ethnische Säuberung
1993 Überfremdung
1994 Peanuts
1995 Diätenanpassung
1996 Rentnerschwemme
1997 Wohlstandsmüll
1998 sozialverträgliches Frühableben
1999 Kollateralschaden
2000 national befreite Zone
2001 Gotteskrieger
2002 Ich-AG
2003 Tätervolk
2004 Humankapital
2005 Entlassungsproduktivität
2006 Freiwillige Ausreise
2007 Herdprämie

Noch einige Euphemismen:

Entsorgungspark = Müllplatz
Finaler Rettungsschuss = tödlicher Schuss
Freisetzung von Humankapital = Entlassung
Kollateralschäden = zivile Kriegsopfer
Minuswachstum = Abnahme
rationalisieren = entlassen
Seniorenresidenz = Altenheim
sozialverträgliches Ableben = sterben
Umstrukturierung = entlassen

Falsche Freunde (False friends/ Faux amis)

Falsche Freunde sind Wörter in zwei Sprachen, die sich ähneln – und deswegen leicht verwechselt werden –, aber unterschiedliche Bedeutung haben. Oft handelt es sich tatsächlich um ein und dasselbe Wort, dessen Bedeutung sich nur unterschiedlich entwickelt hat. Als Faustregel gilt: Je näher zwei Sprachen miteinander verwandt sind oder je länger sie in einem engeren Kontakt zueinander gestanden haben, desto häufiger treten falsche Freunde auf.

Englisch/Amerikanisch:

artist = Künstler
barracks = Kaserne
to become = werden
cake = Kuchen
capital = Hauptstadt
character = Figur, Rolle, Schriftzeichen
chips (britisches Englisch) = Pommes frites

dome = Kuppel
evidence = Beweis
familiar = vertraut
gift = Geschenk
godfather = Pate
handy = geschickt, handlich
intelligence = Aufklärung (CIA)
liberal (amerikanisches Englisch) = politisch links
menu = Speisekarte
murder = Mord
novel = Roman
organ = Orgel
physician = Arzt
pregnant = schwanger
preservative = Konservierungsstoff
rent = Miete
slipper = Hausschuhe
therefore = deshalb, folglich
undertaker = Bestattungsunternehmer

Niederländisch:

bellen = klingeln, telefonieren
borsten = Brüste
deftig = vornehm
doof = taub
gekocht = gekauft
huren = mieten
kapsel = Haarschnitt, Frisur
overlijden = sterben
postbus = Postfach

varen = nur mit dem Schiff fahren, »fahren« (z. B. mit dem Auto) heißt *rijden*
volkslied = Nationalhymne
zeldzaam = selten

Französisch:

chance = Glücke
compas = Zirkel
dossier = Rückenlehne
parole = Wort
visage = Gesicht

Italienisch:

autista = chauffeur, Autofahrer
bravo = gut, tüchtig
caldo = warm, heiß
cantina = Keller
cozze = Miesmuscheln (in Deutschland werden wegen der Aussprache (»Kotze«) gerne einfach *vongole* = Muscheln angeboten)
firma = Unterschrift
latte = Milch

Besonders die skandinavischen Sprachen stecken für deutschsprachige Lerner voller falscher Freunde. Das dänische »blød« bedeutet weich oder sanft. »Fagurbókmentir« heißt auf Färöisch schöne Literatur (von »faur« = schön, »bók« = Buch und »mentir« = Kunst), »flenna« sagen die Färinger für lachen. »Frisk« ist auf Schwedisch gesund, »gammel« auf Dänisch und Norwegisch alt. Der Isländer nennt das Schaf »kind«, während es der Norweger als »sau« bezeichnet. Aber auch Sprachen, von denen man es nicht erwartet, haben ihre Tücken. Wenn ein Rumäne »prost« sagt, meint er Dummkopf, der polnische »judasz« ist ein Türspion und der »kryminalista« ein Verbrecher (und eben kein Kriminalist). Mit »idiot« meinen die Russen »er geht«, auf →Esperanto heißt »sunbrilo« *Sonnenschein* und nicht Sonnenbrille. Bulgarisch »sirene« bedeutet Käse. »Jo« sagen die Albaner, wenn sie nein meinen, dafür heißt »ne« auf Griechisch ja, und die griechische »apothiki« ist ein schlichter Lagerraum. Der türkische »kalender« ist ein Eigenbrötler, »tabak« heißt Teller und »kaplan« Tiger. Mit »arubaito« bezeichnen Koreaner und Japaner einen Nebenjob. Achtung! Auch unter den so traulich klingenden deutschen Mundarten verbirgt sich mancher falsche Freund. Wenn Pfälzer, Schwaben oder andere Alemannen »heben« sagen, meinen sie halten. Das bairische und österreichische »heuer« bedeutet »in diesem Jahr« und der Berliner sagt bekanntlich »mir« für mich.

Familiennamen

Der häufigste Nachname der Welt ist mit einem Vorkommen von über 90 Millionen der chinesische Namen Li. Allerdings gibt es in China auch nur 3.600 verschiedene Familiennamen, während es in Deutschland fast eine Million sind. Der häufigste deutsche Familienname ist Müller (Mueller, Möller, Möllemann, Miller usw.) mit 600.000 Vorkommen, dicht gefolgt von →Schmidt/Schmitt/Schmid/Schmitz.

Die häufigsten deutschen Familiennamen:

Die berufsbezeichnenden Nachnamen stehen an der Spitze, vor allem diejenigen, die im Mittelalter, als sich die Namen gebildet haben, eine wichtige Rolle spielten. Der Beruf des Bauern war so weit verbreitet, dass er als Familienname kaum sinnvoll erschien, und kommt erst auf dem 13. Platz.

01.	Müller
02.	Schmidt
03.	Schneider
04.	Fischer
05.	Meyer
06.	Weber
07.	Wagner
08.	Becker
09.	Schulz
10.	Hoffmann
11.	Schäfer
12.	Koch
13.	Bauer
14.	Richter
15.	Klein
16.	Wolf
17.	Schröder (norddeutsch für Schneider)
18.	Neumann
19.	Schwarz
20.	Zimmermann
21.	Braun
22.	Krüger
23.	Hofmann
24.	Hartmann
25.	Lange
26.	Schmitt
27.	Werner
28.	Schmitz
29.	Krause
30.	Meier

Vererbbare Familiennamen sind erstmals wahrscheinlich im 9. Jahrhundert in Venedig eingeführt worden. Von dort hat sich der Brauch im Mittelalter über Norditalien, Südfrankreich, Katalonien bis in die Schweiz und im 12. Jahrhundert auch nach England verbreitet. In dieser Zeit wurden Familiennamen auch in süd- und westdeutschen Städten üblich. Im 15. Jahrhundert hatten sie sich so ziemlich überall durchgesetzt. Der Adel hatte sich schon lange feste Familiennamen zugelegt, um, nachdem 1073 die Erblichkeit der Lehen eingeführt worden war, Besitzansprüche geltend machen zu können. In einigen ländlichen Gegenden wie Nordfriesland haben sich feste Familiennamen allerdings erst im 19. Jahrhundert durchgesetzt. 1874 wurden in Deutschland die Standesämter eingeführt und somit die Namen endgültig festgelegt (was gelegentliche Rechtschreibfehler natürlich nicht ausschloss).

Die deutschen Familiennamen werden zumeist abgeleitet von:

1.) Berufsbezeichnungen: Müller, Schmidt, Schneider, Fischer, Meyer (gemeint ist ein Großbauer), Weber, Wagner (ein Wagenradbauer), Becker, Schulz (eine Art Ortsvorsteher) und so weiter.

2.) dem Vornamen der Mutter (Metronyme) oder des Vaters (Patronyme): Hansen, Jensen, Friedrichsen. Das Metronym ist selten, kommt aber vor, zum Beispiel leitet sich der Nachname Tilgner von Ottilie ab. Außerhalb Norddeutschlands verschwindet die patronymische Endung (Friedrich statt Friedrichsen oder Friedrichs), dann bleiben die Vornamen als Familiennamen: Hartmann, Werner, Walter, Herrmann. Gelegentlich kommt auch ein lateinischer Genitiv vor, also Pauli statt Pauls oder Paulsen, Jakobi, Bernardi usw. Durch die Mannigfaltigkeit der Dialekte und Verballhornungen sind Patronyme nicht unbedingt immer als solche erkennbar: Wetzel kommt von Werner, Jahn von Johannes, Bentele von Pantaleon.

3.) Eigenschaften wie die Körpergröße (Klein, Groß, Lang, Kurz), die Haarfarbe (Schwarz, Braun), Frisur (Krause), auch Charaktereigenschaften (Fromm, Kühn, Sauer, Böse, Fröböss heißt jährzornig).

4.) der geographischen Herkunft: Bayer, Böhm, Schwab, auch alle Zusammensetzungen mit -bach, -tal, -berg.

Nicht alle Familiennamen lassen sich klären. Gerade Tiernamen (Fuchs, Wolf) sind oft vieldeutig. Sie können auf besondere Tätigkeiten hinweisen oder auch Herkunftsnamen nach einem Haus sein (gerade auch bei →jüdischen Namen wie zum Beispiel Rotschild), wenn daran statt einer Hausnummer ein Tierbild gemalt war.

Regional sind die Namen sehr unterschiedlich verbreitet. Vor allem gibt es eine Häufung sonst seltener Namen im Norden und im Süden. Jansen, Hansen und Petersen sind in Niedersachsen und Schleswig-Holstein die häufigsten Namen, während es in Südbayern (mit Ausnahme von München) Huber ist. Im Ruhrgebiet und in Berlin fallen viele polnische Namen auf (meist eingedeutscht: Schimanski, Kowalski, Podolski, Matussek, Koslowski), was von der Einwanderung vieler Polen (»Ruhrpolen«) von der Mitte des 19. bis zu Anfang des 20. Jahrhundert herrührt. Ungefähr 13 Prozent der deutschen Bevölkerung tragen heute einen polnischen Nachnamen. Die Angleichung an deutsche Schreib- und Sprechweise erfolgte meist aus Gewohnheit, selten auf Betreiben des Namensträgers selbst. Im Dritten Reich allerdings war die Eindeutschung slawischer oder französischer Namen sehr beliebt. Zum Beispiel wurde aus dem schlesischen Familiennamen Mocigemba der deutsche Mundner, aus dem französischen beziehungsweise luxemburgischen Pierrerare Seltenstein. Der in Buenos Aires geborene Reichsbauernführer und NS-Reichsminister für Ernährung und Landwirtschaft und nachmalige Experte für Düngemethoden Ricardo Walther Darré (1895–1953) behauptete, dass sein Name sich eigentlich von der *Darre* ableitete. Während seiner Amtszeit war der Spruch »Lieber vier Jahre Dürre als ein Jahr Darré« im Schwange.

In vielen Ländern, vor allem im südöstlichen Europa, wird gerne zuerst der Nachname, dann der Vorname genannt: »Schwejk, Josef, behördlich anerkannter Idiot«. In Österreich ist dies ebenfalls üblich. Im Ungarischen wird auch die Betitelung hinter den Vornamen gestellt: Herr Attila Szabó heißt Szabó Attila úr. Auch in den meisten asiatischen Ländern wird der Nachname zuerst genannt. Bei Übertragungen ins Deutsche wird aber bei chinesischen und koreanischen Namen in der Regel die ursprüngliche Reihenfolge beibehalten.

»Mein Name ist Hase«

Die Redensart »Mein Name ist Hase, ich weiß von nichts« soll auf den Juristen und Burschenschafter Karl Victor von Hase (geb. 1834) zurückgehen. 1854/55 wurde er vor dem Heidelberger Universitätsgericht der Fluchthilfe für einen Kommilitonen angeklagt, der einen Gegner beim Duell getötet und bei seiner Einreise nach Frankreich Hases Studentenausweis benutzt hatte, dann aber in Straßburg gestellt worden war. Zu Beginn der Gerichtsverhandlung soll Hase (damals noch ohne »von«) die juristische Formel: »Mein Name ist Hase; ich verneine die Generalfragen; ich weiß von nichts«, benutzt haben. Wahrscheinlich haben die Burschenschaften dafür gesorgt, dass der Spruch in den allgemeinen Sprachgebrauch eingegangen ist. Übrigens hat er auch im niederländischen Sprachraum Verbreitung gefunden: »Mijn naam is Haas: ik weet er niets van«.

Fiktive Sprachen

Schriftsteller, Drehbuchschreiber oder die Macher von Computerspielen erfinden gelegentlich Sprachen. Einige davon verfügen über ein vollständiges Vokabular sowie eine Grammatik und werden von eingefleischten Fans sogar aktiv beherrscht.

Einige klassische Beispiele:

Das →**Klingonische** wurde 1984 von dem Linguisten Marc Okrand für die TV-Serie *Star-Trek* erfunden.

Newspeak, die Sprache, welche die Regierung von Ozeanien in George Orwells *1984* einführt, um »Gedankenverbrechen« vorzubeugen. *Neusprech* ist heute ein allgemeiner Ausdruck für euphemistische Sprachverstümmelungen (→Euphemismus).

Interkosmo oder **Satron** (Arkonidisch) in der Science-Fiction-Serie *Perry Rhodan*.

Galach und **Chakobsa** in Frank Herberts Science-Fiction-Saga *Dune*.

Nadsat heißt der anglorussische Slang in Stanley Kubricks Film *A Clockwerk Orange* (1971).

Die bekannteste fiktive Sprache dürften die **Elbensprachen** sein, die J. R. R. Tolkien für seine Roman-Trilogie *Der Herr der Ringe* erfand (→Mittelerde).

Flüche

Grundsätzlich ist ein Fluch eine Formel, mit der man Unheil auf eine andere Person und dessen Habe oder Anhang oder auch sich selbst herbeiwünscht, oft als Beteuerung einer Aussage, bei deren Nichtzutreffen man das Unheil als Strafe erleiden will. Diese Selbstverfluchung (»Jahwe tue mir dies und das!«) ist eine häufig vorkommende Form. Flüche sind ein ausgesprochen vielfältiges Gebiet. Einerseits können sie aus ausgeklügelten Wendungen juristischer oder religiöser Provenienz bestehen, andererseits könnten sie vor Obszönität strotzen und damit dem Tabu anheimfallen, insbesondere, wenn sie Übernatürliches (beispielsweise den Teufel), Körperausscheidungen oder Sexualität betreffen. Gelegentlich kommen auch euphemistische Formen vor: »verflixt« anstelle von »verflucht« oder »Sack Zement« statt »Sakrament«. Während bei den Ureinwohnern Amerikas, Polynesiern und Japanern kaum geflucht wird, sind andere Sprachen oder Dialekte wie →Türkisch, Bairisch oder →Arabisch für ihre Kraftausdrücke berühmt.

Einige gebräuchliche Flüche:

Potz Blitz!
Heidewetter!
Sapperment!
Jemine! Jessas/Jesses!
Da soll doch gleich!
Donnerwetter!
Himmelkreuzdonnerwetter!
Donner und Doria!

Und ein paar Bekräftigungsflüche:

Hol dich/mich der Teufel!
Zum Teufel!
In Dreiteufelsnamen!
Verflixt!
Heiliger Bimbam!

Weil nach altem Glauben den Namen eines Dämons oder des Teufels auszusprechen bedeutet, ihn auch zu rufen, wird aus magischer Scheu oft der Name des Angerufenen (Gott, Jesus, Heilige, Teufel) verdreht (»Jemine« = Jesus Domine!; »Potz Sapperment« statt »Gottes Sakrament«) oder ausgelassen (»Da soll doch ...!«).

Noch ein paar internationale Flüche:

Bosnisch:
»Dabogda te Rusi branili!«
(Mögen die Russen dich verteidigen)

Jiddisch:
»Ale tseyn zoln bay im aroysfaln, not eyner zol im blaybn oyf tsonveytung!«
(Alle Zähne sollen ihm rausfallen,
nur einer soll ihm bleiben und wehtun)

Kannada (eine drawidische Sprache):
»Nin hendar thullalli kappe hogi jatka hodiya means!«
(Übersetzung unzumutbar, aber es kommen die
Wörter »Frosch« und »masturbieren« darin vor)

Slowenisch:
»Naj te pes poščije!«

(Möge dich ein Hund anpissen)

Im Vorwort zu seinem *Pantagruel (Gargantua und Pantagruel)*, 1532) schreibt François Rabelais (ca. 1495–1553):
„Damit diese Vorrede übrigens zu Ende komme, will ich nur noch das sagen, dass ich Leib, Seele, Eingeweide und Gedärme hunderttausend Schock Teufeln überantworten will, wenn in dieser Geschichte ein einziges Wort gelogen ist. Euch aber soll das Antoniusfeuer brennen, soll Fallsucht zu Boden werfen, Krebs fressen, Blutfluss abzapfen,

das Übel schleich sich, ricke-racke,
hinein zum Loche mit Geknacke,
Quecksilber wird dann auch nichts nützen,

und ihr sollt wie Sodom und Gomorrha in Schwefel, Feuersglut und Höllengestank umkommen, wenn ihr nicht getreulich alles glauben werdet, was ich euch in dieser Chronik berichte!

Freud'scher Versprecher

Ein Freud'scher Versprecher ist eine sprachliche Fehlleistung, bei der die wirkliche Meinung, die eigentlich verborgen bleiben sollte, zutage tritt. Meister Freud selbst bringt ein Beispiel: Jemand sagt etwa auf einer Versammlung, es seien »Dinge zum *Vorschwein* gekommen«. Die tatsächliche Bewertung des Sprechers soll sich in dem Versprecher ausdrücken, er hält nämlich das, was da zum Vorschein gekommen ist, für eine Schweinerei. Diese Bewertung wollte er für sich behalten, sie hat sich aber Bahn verschafft und verbalisiert. Heute ist die Wissenschaft darüber geteilter Meinung. Einerseits wird überhaupt angezweifelt, dass eine Motivierung bei den Versprechern vorliegt, andererseits versuchen Psycholinguisten, eben solche Motivierungen experimentell nachzuweisen. Auf jeden Fall wird in Anbetracht möglicher organischer Störungen im Sprachablauf oder genetischer Defekte oder Zerstörungen in bestimmten Bereichen des Sprachzentrums nicht jeder Versprecher automatisch ein Freud'scher sein. Trotzdem sind manche Fehlleistungen aufschlussreich. Angela Merkel sagte 2005 nach einer Präsidiumssitzung über das Steuerkonzept der CDU: »Geeinigt haben wir uns endgültig auf gar nichts.« Sie meinte natürlich, man habe sich noch nicht endgültig, das heißt: in allen Einzelheiten, geeinigt. Ihre Formulierung bedeutet aber, dass man sich nicht geeinigt habe und dies in Zukunft auch nicht geschehen werde. In ihrer humorigen Adventserzählung *Taft zum Kragen* erzählt die baltische Schriftstellerin Else Hueck-Dehio (1897–1976) von einem frischverheirateten Pastor, dem seine Frau mit ihrem Wunsch auf die Nerven fällt, sich für ihren Pelzmantelkragen Taft zu kaufen, und, nachdem er eine flammende Predigt über Johannes den Täufer gehalten hat, der ein »härenes Gewand« trug und sich nicht in »Samt und Seide« hüllte, vor der Gemeinde betet: »Herr, gib uns Taft zum Kragen.«

Friesisch

Friesisch bildet zusammen mit dem Englischen die Gruppe der nordseegermanischen Sprachen (weshalb manchmal von Anglofriesisch die Rede ist) und wird heute von insgesamt 750.000 Menschen gesprochen. Die größte Sprachgemeinschaft wohnt in der niederländischen Provinz Friesland (Fryslân), wo das Friesische den Status einer Verwaltungs- und Gerichtssprache genießt. Das Ostfriesische wird noch im oldenburgischen Saterland von ungefähr 1.500 Menschen gesprochen. Das Nordfriesische ist noch im schleswig-holsteinischen Kreis Nordfriesland sowie auf Helgoland verbreitet. Das West- und insbesondere das Nordfriesische gliedern sich in zahlreiche Dialekte auf; eine wechselseitige Verständigung ist nur bedingt möglich. Heute wird Friesisch an der Flensburger und Kieler Universität als Studienfach gelehrt und an 30 Schulen in Schleswig-Holstein unterrichtet.

Einige Nordfriesinnen und Nordfriesen:

Jochen Bleicken (Sylt) ⁕ Hark Bohm (Amrum) ⁕ Nicolaus Bruhns (Schwabstedt) ⁕ Peter Harry Carstensen (Nordstrand) ⁕ Gerd Faltings (Föhr) ⁕ Christian Jensen (Fahrtoft) ⁕ James Krüss (Helgoland) ⁕ Theodor Mommsen (Garding) ⁕ Friedrich Paulsen (Langenhorn) ⁕ Fanny zu Reventlow (Husum) ⁕ Olaf Schmidt (Föhr) ⁕ Friede Springer (Föhr) ⁕ Theodor Storm (Husum) ⁕ Ferdinand Tönnies (Oldenswort)

Fussball

Fußball ist ein völkerübergreifendes Spiel. Die Ausdrücke, die dabei eine Rolle spielen, sind aber durchaus unterschiedlich:

Deutsch	**Englisch**	**Französisch**	**Italienisch**	**Spanisch**
Abseits	offside	hors-jeu	fuorigioco	fuera de
Abstauber	tap-in/easy goal	reprise en embuscade	rimpallo	gol oportunista
Ball	ball	ballon	pallone	bálon
Doppelpass	wall-pass	une-deux	uno-due	pared
Ecke	corner	coin	angolo	esquina
Eigentor	own goal	but contre son camp	utogol	gol enpropria
Elfmeter	penalty/spot hick	pénalty	rigore	penalti
Fallrückzieher	bicycle kick	coup de pied retourné	revosciata	chilena
Flanke	cross	centre	cross	pas cruzado
Foul	foul	faute	fallo	falta
Fußball	soccer	football	calcio	fútbol
Hand	hand	main	mano	mano
Hooligan	hooligan	hooligan	hooligan	hooligan
Kopfball	header	coup de tête	tiro di testa	cabezazo
Latte	crossbar	barre transversale	traversa	larguero
Libero	sweeper	libéro	libero	líbero
Mauer	wall	mur	barriera	barrera
Rückstand	points down	retard	svantaggio	ir perdiendo
Schiedsrichter	referee	arbitre	arbitro	árbitro
Schwalbe	to dive	plongeon	simulazione	piscinazo
Tor	goal	but	gol/rete	gol
Torwart	goalkeeper	gardien de but	portiere	portero
Trainer	coach	entraîneur	allenatore	entrenador
Unentschieden	draw	match nul	pareggio	empate
Verlängerung	extra time	prolongation	supplementari	prórroga

G

Gaunersprache

»Gaunersprache« ist eine Sammelbezeichnung für alle Geheimsprachen nichtsesshafter sozialer Randgruppen (Bettler, Vaganten, Menschen mit »unehrlichen« Berufen), meist gleichbedeutend (und abwertend) mit Rotwelsch verwendet. »Rot« bezeichnet die umherziehenden Bettler, und »welsch« bedeutet soviel wie fremdländisch. Wer Näheres darüber erfahren möchte, nehme das monumentale Werk des Lübecker Polizei-Aktuars (und nach seiner Pensionierung überaus erfolgreichen Romanciers) Christian Friedrich Avé-Lallemant (1809–1892): *Das deutsche Gaunertum in seiner sozialpolitischen, literarischen und linguistischen Ausbildung bis zu seinem heutigen Bestande* (1858) zur Hand, das auch eine Zusammenfassung der Gaunersprache enthält. Als eine Geheimsprache durfte die Gaunersprache nur Eingeweihten verständlich sein. Wohl deswegen hat sie neben Wörtern aus entlegenen Dialekten zahlreiche Ausdrücke aus dem →Jiddischen übernommen. Nachdem ab dem 15. Jahrhundert die »Zigeuner« (Roma) in Europa auftauchten, konnteman sich auch aus deren Sprache (→Romanes) bedienen.

Genau genommen ist die Gaunersprache keine Sprache im Vollsinne, sondern, ähnlich wie Jägerlatein, die Sprache der Studenten oder die der Seeleute, die Sondersprache eines bestimmten Berufes. Die französischen und englischen Entsprechungen zum Rotwelsch heißen Argôt und Thieves' Latin. Viele, inzwischen freilich so gut wie ausgestorbene, regionale Soziolekte (oft pauschal als →Jenisch bezeichnet) leiten sich vom Rotwelschen her, beispielsweise die Buttjersprache in Minden, das Lotegorisch in der Pfalz, das Manisch in der Gegend um Gießen, Marburg und Wetzlar, die Masematte in Münster, die Sprache der Wandermusikanten Kochum in Hundeshagen (Eichsfeld) oder das sauerländische Schlausmen.

Kleines Lexikon der Gaunersprache:

baldowern: auskundschaften (von jiddisch »baal« = Mann und »dowor« = Sache, Wort)

fechten, Fechter: Fechtbruder (»fechten« = betteln), Bettler

Kachny: Huhn (von romanes »kaxni«, »kahni«)

Kohldampf: Hunger (von romanes »kálo« = schwarz, daraus rotwelsch: »kohlerisch« (schwarz), »Kohler« (Hunger). In der Bedeutung verstärkt durch Zusammensetzung mit rotwelsch »Dampf« = Hunger, Angst (aus deutsch »Dampf« in der Bedeutung Angstschweiß, Bedrängnis)

Kober: Wirt, von jiddisch »kowo«, »kübbo« = Schlafkammer, Bordell, Hütte, Zelt. Davon auch »ankobern« = anmachen, Freier aufreißen

Krauter, Krauterer: Handwerksmeister

Kreuzspanne: Weste, Zwangsjacke, Hosenträger

Model, Maudel, Mudel, Muldel: Frau, Mädchen

Muß, Moß: Mädchen, Frau, Dirne, von deutsch »Mutze« (Vulva) oder »Musche« = Hure

Platt: vertraut, sicher, gaunerisch, von jiddisch »polat« = entwischen, entkommen, »polit« = Flüchtling. Daraus auch: »platte Leute« = Gauner, Platte = Bande, »Platte machen« = auf der Straße leben, im Freien nächtigen
Bulle: Polizist, aus dem niederländischen »bol« = Kopf, kluger Mensch
schinageln: arbeiten. Von jiddisch »schin-« (Schub-) und »agolo« = Karre
Schmuh: Profit
Schocher, Schokelmei: Kaffee, von jiddisch »schocher majim« = schwarzes Wasser
Sore: (Hehler-)Ware, Diebesgut, Beute. Von jiddisch »sechoro« = Ware
Stachelinus, Stechelingo: Igel. Von romanes »štaxêlengêro« , »štaxêngele«, »štaxlengaro« = Igel (entlehnt aus deutsch »Stachel«)
stapeln, stappeln: betteln, vom Stabe des Bettlers oder von deutsch »stoppeln« = sammeln, Ähren lesen
Stenz: Stock, Prügel, auch Zuhälter und Penis, wahrscheinlich von deutsch »stemmen«
Wolkenschieber: bettelnder Handwerksbursche, Kunde

Viele Ausdrücke der Gaunersprache sind inzwischen Allgemeingut geworden, besonders für Geld: Blech, Kies, Moos, Pinkepinke, Pulver, Torf, Zimt. Aber auch: ausbaldowern, Bammel, einseifen, Fratze, Kassiber, kess, Knast, meschugge, Mumpitz, nassauern, Pech, Pleite, Schmiere stehen, Schmus, Schlamassel, Tinnef. Auch viele Redensarten wie: »Der/das ist im Eimer«, »Wo der Barthel den Most holt« kommen aus dem Rotwelschen.

Avé-Lallemant führt einen ganzen Katalog verschiedener Verständigungsmittel (»Zinken«) auf, derer sich die Gauner bedienen:

Die **Jadzinken** (von hebräisch »jad« = Hand) sind Zeichen, die mit Händen und Fingern gebildet werden. Dieses Kommunikationsmittel beruht zum Teil auf der →Gebärdensprache der Gehörlosen. »Das Jadzinken«, so Avé-Lallemant, »ist die optische Telegraphie des Gaunertums, die der Polizeimann genau kennen muss, um sie beobachten und verhindern zu können.« Zum Jadzinken zählt auch das Schreiben von Wörtern in die Luft oder in die offene Hand des Genossen (wie beim Lormen). Ähnlich funktionieren die **Kenzinken**, die bei allerlei Betrügereien zum Einsatz kommen. Begegnen zwei Gauner einer Person, die sie ausrauben wollen, übermitteln sie sich durch bestimmte Fratzen, Augenschließen u.s.w. Informationen, bevor der eine Gauner die persönliche Bekanntschaft mit dem Opfer anbahnt.

Jadzinken

Kenzinken

Eine wichtige Rolle spielen die **graphischen Zinken**: Jeder Gauner verfügt über ein persönliches Zeichen, gleichsam ein Wappen, das er an bestimmten Orten hinterlässt, um seinesgleichen wichtige Informationen zu übermitteln.

graphischen Zinken

Weiter verwendet der Gauner auch **phonische Zinken**, indem er Tierstimmen nachahmt. »Das Pfeifen, Rufen oder Räuspern verrät den Menschen nur zu deutlich, während das geschickt nachgeahmte Eulengeschrei bei seiner Unheimlichkeit den Hörer eher verscheucht als zur Nachforschung und zum Angriff herbeizieht.«

phonische Zinken

Schließlich erwähnt Avé-Lallemant die **Schlichnerzinken**. Beging ein Gauner Verrat an seinen Kumpanen, musste er, falls er nicht gleich mit seinem Leben bezahlte, damit rechnen als *Schlichner* (Verräter) markiert zu werden, das heißt, man schnitt ihm in die Wange, »damit an der zurückbleibenden Narbe der so gezinkte Schlichner der ganzen übrigen Genossenschaft als Verräter gekennzeichnet war«.

Schlichnerzinken

Zinken werden natürlich auch heute noch von Bettlern, Sektenvertretern, Drückerkolonnen und Gaunern aller Art benutzt. Eine moderne Variante ist das *WarChalking*: Orte (meist Häuserwände oder Laternenpfähle), an denen WLAN-Netze zu empfangen sind, werden mit Farb- oder Kreidezeichnungen markiert, oft wird sogar noch das WEP-Kennwort genannt. Wer sich damit auskennt, kann so gratis im Internet surfen. Ein geschlossener Kreis zeigt an, dass es sich um ein geschlossenes, zwei entgegengesetzte Kreishälften, dass es sich ein offenes, also ungesichertes Netz handelt. Dazu kommen noch allerlei technische Angaben, die den unerlaubten Zugang zum Netz ermöglichen.

Gebärdensprachen

Gebärdensprachen sind strukturell ähnlich komplex wie gesprochene Sprachen und müssen genauso erlernt werden. Sie sind nicht zu verwechseln mit Gesten oder Fingeralphabeten. Ebenso gibt es nicht etwa eine weltweit einzige Gebärdensprache, sondern eine ganze Fülle. Selbst innerhalb ein und derselben Sprache (Deutsch/Österreichisch, britisches Englisch/Amerikanisch) kann es zwischen Gehörlosen massive Verständigungsprobleme geben. Als Erfinder der Gebärdensprache gilt der Abbé Charles Michel d'Epée (1712–1789), der 1775 eine Gebärdensprache für die Pariser Gehörlosenschulen entwickelte. Die Pädagogen Thomas Gallaudet (1787–1851) und Laurent Clerc (1785–1869) führten die Zeichen in den USA ein, wo sie zur Entwicklung der modernen amerikanischen Gebärdensprache (American Sign

Language, ASL) führten. Von da aus bildeten sich – genau wie in der gesprochenen Sprache – Dialekte aus.

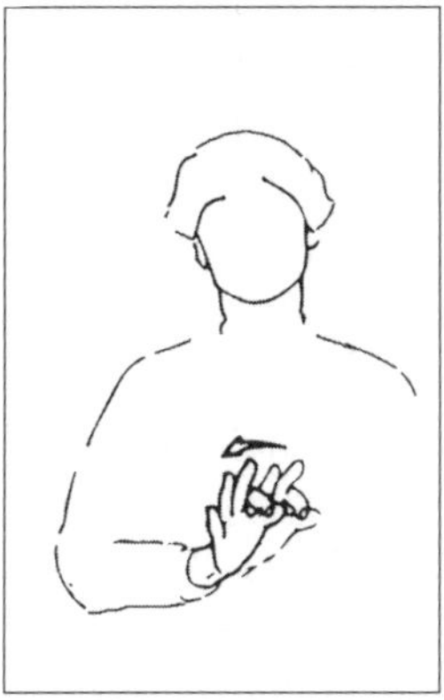

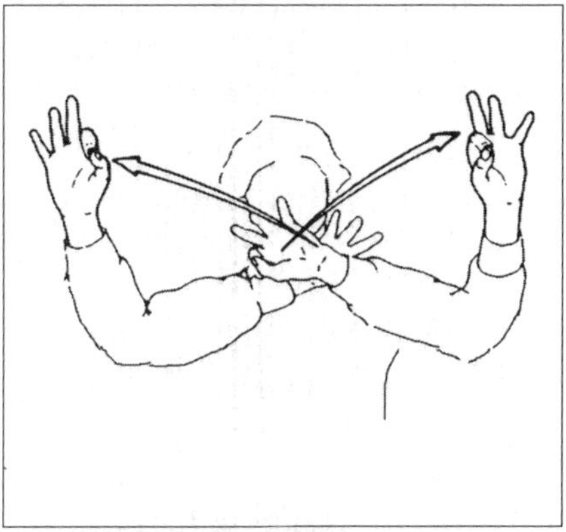

Flüstern und *Schreien in Gebärdensprache*

GEHEIMSCHRIFTEN

Geheimschriften und die Methoden der Verschlüsselung (Kryptographie) und Entzifferung (Kryptoanalyse) von Botschaften sind ein sehr weites Feld. Sie wurden bereits in der Antike verwendet, und auch heute noch spielen sie, natürlich durch Computerunterstützung unendlich raffiniert und komplex geworden, in der Welt der Geheimdienste eine unvermindert bedeutende Rolle. Die Methoden der Geheimhaltung beschränken sich dabei nicht allein auf die Verschlüsselung von Botschaften; die *Steganographie* etwa versucht zu verschleiern, dass Botschaften überhaupt existieren, zum Beispiel mittels unsichtbarer Tinte oder durch Unterdrückung bestimmter Radarfrequenzen.

Der römische Schriftsteller Sueton (70 – ungefähr 140 n. Chr.) schreibt über das Verschlüsselungsverfahren, das Julius Caesar angewendet haben soll: »Es gibt auch noch Briefe von ihm an Cicero, ebenso an seine Vertrauten über Familienangelegenheiten, in denen er das, was geheim bleiben sollte, verschlüsselt geschrieben hat, d. h. die Reihenfolge der Buchstaben wurde so umgestellt, dass daraus kein Wort gebildet werden konnte. Will jemand die Schrift entziffern und richtig lesen, so muss er immer den vierten Buchstaben des Alphabets, also D für A und so fort, an die Stelle des wirklich geschriebenen setzen.«

Diese Verschiebechiffre wird nach ihrem berühmten Benutzer Caesar-Verschlüsselung oder schlicht »einfacher Caesar« genannt. Während der erlauchte Caesar oft den Schlüssel C (also eine Verschiebung um drei Buchstaben) gebrauchte, soll sein Nachfolger Augustus, ebenfalls passend zu seinem Namen, die Verschiebung um nur einen Buchstaben (A) vorgezogen haben. Die Caesarchiffre hat sich zu allen Zeiten in allen möglichen Variationen und Komplexitätsgraden großer Beliebtheit erfreut. Noch heute beruht das System ROT13 (»rotate by 13 places«) darauf. Allerdings ist diese Methode so schlicht, dass ihr Zweck meistens nicht in der ernsthaften Verschlüsselung von Nachrichten besteht, sondern darin, dass der Empfänger einer Nachricht die bewusste Entscheidung treffen muss, ob er den verschlüsselten Abschnitt lesen will oder nicht. Das kann bei sogenannten Spoilern nützlich sein, also Informationen, die beispielsweise die Lektüre eines Buches verderben können, weil wichtige Teile der Handlung (wer stirbt? Die Auflösung der Story) verraten werden. Das Problem trat bei den deutschen *Harry-Potter*-Bänden auf. Wenn das englischsprachige

Original auf dem Markt erschien, war es für deutsche Rezensenten immer eine Gewissensfrage, wie viel sie vom Plot verrieten. ROT13 hätte sich für solche Buchbesprechungen angeboten. Stattdessen kam – wie schon bei den englischsprachigen Rezensionen – meist Spiegelschrift zum Einsatz, die freilich weniger aufwendig zu entziffern ist.

Im diplomatischen Verkehr des Mittelalters war ein *Alphabetum Kaldeorum* (Alphabet der Chaldäer) in Gebrauch. Die Chaldäer sollen über magisches Wissen verfügt haben, deswegen lag es nahe, eine Geheimschrift nach ihnen zu benennen. Eine vollständige Fassung des Alphabetum Chaldeorum findet sich in einer Handschrift von 1428, die in der Münchener Universitätsbibliothek aufbewahrt wird. Als sein Erfinder gilt Herzog Rudolf IV. von Österreich (1339–1365). Er hat übrigens die Wiener Universität gegründet, die nach ihm noch heute *Alma Mater Rudolphina* heißt. Rudolf IV. selbst hat gemeint, dass die Zeichen aus Indien stammen. In Indien gab und gibt es jedoch keine Schrift, die dem Alphabetum ähnelt, es handelt sich offenbar um eine eigenständige Schöpfung. Rudolfs Grabplatte im Wiener Stephansdom trägt eine Inschrift im Chaldäischen Alphabet, deren Entzifferung im 18. Jahrhundert gelungen ist. Sie lautet schlicht: »Hic est sepultus nobili stirpe dux Rudolphus fundator« (Hier liegt begraben aus edlem Geschlecht Herzog Rudolf der Stifter). Seinen späteren Beinamen »der Stifter« verdankt Rudolf übrigens dieser Inschrift.

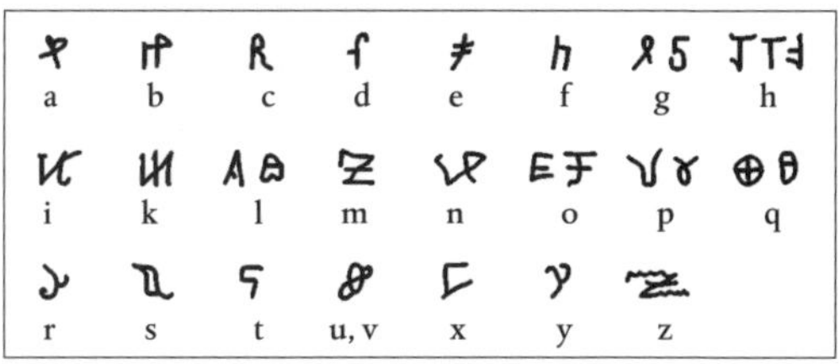

Alphabetum Kaldeorum

Germanismus

Wie man sieht, hat das Deutsche in anderen Sprachen nicht nur in verwaltungstechnischen und militärischen Ausdrücken seine Spuren hinterlassen:

Afrikaans: Auf Afrikaans werden die Deutschen gerne »Aberjetze« genannt. In Deutsch-Südwest hatten die Kolonialherren oft Buren in ihren Diensten, deren Arbeitstempo nicht den deutschen Vorstellungen entsprach und die mit »aber jetzt!« motiviert wurden.

Albanisch: Ins Albanische sind viele deutsche Wörter eingegangen, u. a. bedeutet »shalter« sowohl Licht- als auch Postschalter. Das im Kosovo übliche »krikëll« (Bierkrug) kommt allerdings vom bayerischen *Krügerl*, ist also ein Bavarismus.

Arabisch: Die deutsche Fußballnationalmannschaft heißt »farik el mannschaft« (das ist tautologisch: »farik« heißt eigentlich schon Mannschaft). Als bei der WM 2006 Deutschland gegen Italien verlor, hieß es im ganzen Orient: »El mannschaft khessret!«

Dänisch: Die Vokuhila-Frisur heißt bei unseren nördlichen Nachbarn »Bundesliga-hår«; die Italiener sagen übrigens dazu »capelli alla tedesca«.

Französisch: »schubladiser« heißt, etwas zu den Akten legen oder auf die lange Bank schieben (auch: »schubladisation«)

Ivrit: Das Zeichen @ wird in Israel *Strudel* genannt.

Japanisch: Die Propaganda der Wochenschauen scheint während des Zweiten Weltkriegs in Japan durchschlagenden Erfolg gehabt zu haben. »Rommel« bedeutet soviel wie Sieg oder Erfolg. Auch Fußballmaskottchen werden gerne nach dem Wüstenfuchs benannt. So führten die japanischen Medien die 1:3-Niederlage ihrer Mannschaft bei der WM 2006 gegen Australien darauf zurück, dass das Mannschaftsmaskottchen, der stets im blauen Stammoutfit der Mannschaft aus Nippon auftretende Dackel Erwin Rommel, nicht mit der Elf im Kaiserslauterner Stadion auflaufen durfte. Die FIFA hatte ein Tierverbot in deutschen Arenen verordnet.

Norwegisch: Mit »forspill« und »nachspill« bezeichnet der Norweger (auch) den Alkoholkonsum vor beziehungsweise nach dem Kneipenbesuch.

Polnisch: Unsere polnischen Nachbarn trinken dafür »bruderszaft« und schlafen anschließend ihren »rausz« aus.

GETISCH

Die Geten waren, wie der antike Geograph Strabo meint und worin die heutige Forschung mit ihm übereinstimmt, ein thrakischer Stamm und siedelten südlich des Donautals. Der römische Dichter Ovid (43 v. Chr. – ca. 17 n. Chr.), den Augustus nach Tomi, dem heutigen Constanţa, ins Exil geschickt hatte, behauptet in seinen *Epistulae ex Ponto,* einen Lyrik-Band in getischer Sprache geschrieben zu haben (»Getico scripsi libellum sermone«). Schade, dass er verschollen ist, dann wüssten wir mehr über das Getische.

Gotisch

Wie schon der gotische Geschichtsschreiber Jordanes (gestorben nach 552) (übrigens der erste, der das Volk der *Baiuvaren,* also die Bayern erwähnt) in seiner *Getica* meinte, stammen die Goten aus dem südlichen Skandinavien, wenn auch vielleicht gerade nicht von der nach ihnen benannten Insel Gotland. Im 1. Jahrhundert n. Chr. wanderten sie ins Weichselgebiet ab und von dort weiter an das Schwarze Meer. Dort trennten sie sich in Ost- und Westgoten, wobei die Benennungen nichts mit den Himmelsrichtungen zu tun haben (*Ostrogothi* = »glänzende«, *Visigothi* = »gute Goten«). Die Westgoten plünderten 410 Rom und zogen weiter nach Südfrankreich und Spanien, wo sie ein Reich gründeten, das bis zur arabischen Invasion der Pyrenäenhalbinsel 711 bestand. Im Spanischen haben die Goten außer Namen wie Rodrigo, Alfonso oder Fernando nur ein paar Wörter (zum Beispiel »guerra« = Krieg) hinterlassen. Die Ostgoten gründeten, nachdem sie lange unter hunnischer Herrschaft gestanden hatten, unter Theoderich dem Großen ein Reich in Italien, das nur wenige Jahrzehnte darauf durch das byzantinische Reich zerstört wurde. Allerdings sind wohl einige Goten in Osteuropa zurückgeblieben. Im 9. Jahrhundert ist in einer byzantinischen Quelle jedenfalls von Goten auf der Krim die Rede. Noch der flämische Franziskaner Wilhelmus de Rubruk, der 1253 als Gesandter ins Mongolenreich reiste, berichtet von diesen Krimgoten und nennt ihre Sprache ein »ydioma Teutonicum«. Ogier Ghiselin von Busecq (1522–1592), zwischen 1560 und 1562 als Gesandter am Hofe des Sultans in Konstantinopel, hat immerhin 68 Wörter der gotischen Sprache aufgeschrieben. Das Krimgotische dürfte erst im Laufe des 18. Jahrhunderts endgültig ausgestorben sein.

Das Gotische ist die einzige ostgermanische Sprache (Vandalisch, Burgundisch, Gepidisch, Herulisch), die uns in nennenswerten Zeugnissen überliefert ist. Die →Bibelübersetzung (hauptsächlich des Neuen Testaments), die dem Bischof Ulfilas (oder gotisch: Wulfila) (ca. 311–383) zugeschrieben wird, ist in mehreren Prachthandschriften erhalten, von denen der *Codex Argenteus* die bedeutendste ist. Der Codex ist von Italien nach Prag gelangt und wurde 1648 der Königin Christine von Schweden geschenkt. Bis zum heutigen König Carl XVI. Gustaf trugen alle Schwedenkönige seit Gustav I. Wasa (1496–1560) den Titel »König der Schweden, Goten und Vandalen« (Sveriges, Götes och Vendes konung«, oder lateinisch: »Suecorum, Gothorum et Vandalorum Rex«). Carl Gustaf hat bei seiner Thronbesteigung 1973 nur den Titel »König von Schweden« beibehalten.

Griechisch

Wie das Albanische und →Armenische repräsentiert das Griechische einen eigenständigen Zweig der →Indoeuropäischen Sprachen. Die frühesten uns bekannten Aufzeichnungen des mykenischen Griechisch stammen bereits aus dem 17. Jahrhundert v. Chr. Damit kann das Griechische von allen Sprachen der Erde auf die längste Schrifttradition überhaupt zurückblicken.

Wohl im 11. Jahrhundert v. Chr. haben die Griechen das phönizische Alphabet übernommen und ihren Zwecken angepasst. Mit dem Phönizischen ließen sich, wie heute noch etwa in der arabischen und hebräischen Schrift, nur Konsonanten schreiben. Die Griechen entwickelten daraus eine vollständige Alphabetschrift, mit der sich auch Vokale wiedergeben ließen. Glücklicherweise enthielt das phönizische Alphabet eine Reihe von Buchstaben, für die es in der griechischen Sprache keinen Laut gab. Diese Buchstaben konnten nun mit den Vokalen neu besetzt werden. Der erste Buchstabe →Aleph, im Phönizischen ein Halbkonsonant, der im Griechischen nicht vorkam, wurde so zum Alpha, unserem A; das He wurde zu Epsilon (E), das Jod zu →Iota (I), das Ajin zu O. Elf Zeichen für Konsonanten (b, g, d, z, k, l, m, n, p, r, t) stimmen überein, die übrigen griechischen Buchstaben sind mehr oder weniger willkürlich aus dem phönizischen Alphabet übernommen. Außerdem haben die Griechen Zusatzzeichen für Laute erfunden, die im Phönizischen nicht vorkamen (phi, chi und psi). Ab dem 8. Jahrhundert v. Chr. hat sich im Zuge der griechischen Kolonisation das Alphabet über das Kernland hinaus im Osten nach Kleinasien und das Schwarze Meer, im Westen in Sizilien und Süditalien ausgebreitet. Über das →Etruskische haben die Latiner mit diesem Alphabet Bekanntschaft gemacht, das dann als lateinisches Alphabet zum wichtigsten Schriftsystem weltweit avanciert ist.

Die Eroberungen Alexanders des Großen (356–323 v. Chr.) sorgten dafür, dass sich das Griechische und die griechische Kultur im Osten bis nach Indien verbreiteten. Griechisch war lange vor dem →Lateinischen die antike →Weltsprache Nummer eins. Seit Homer hat sich ein überaus reiches griechischsprachiges Schrifttum entwickelt, ohne das unsere Philosophie (Heraklit, Platon, Aristoteles) und Literatur (Homer, Aischylos, Sophokles, Euripides) nicht denkbar wären. Neben dem →Hebräischen stieg das Griechische schließlich auch zu einer Sprache der Bibeltradition auf. Das Neue Testament ist in Koiné (»die Allgemeine«) geschrieben, der antiken →Lingua franca. Friedrich Nietzsche hat sich allerdings zu der Frage bemüßigt gefühlt, warum, wenn der Heilige Geist Gott sei, er sich keines besseren Griechisch bediene.

Neugriechisch wird heute von ungefähr zwölf Millionen Menschen hauptsächlich in Griechenland selbst, aber auch auf Zypern und auf dem Gebiet der ehemaligen Sowjetunion (Ukraine, Georgien) gesprochen. Bis zu ihrer Vertreibung 1922 und dem »Bevölkerungsaustausch« 1923 zwischen der Türkei und Griechenland lebten etwa 1,25 Millionen Griechen auch in Kleinasien. Dabei existiert das Griechische in zwei Formen: der Hochsprache oder »reinen« Sprache *(Katharevousa)* und der Volkssprache *(Dimotiki)*. Die Katharevussa ist eine an das attische Griechisch angelehnte Kunstsprache, mit der nationalgesinnte bürgerliche Kreise im 19. Jahrhundert nach der Unabhängigkeit Griechenlands vom Osmanischen Reich an die klassische Vergangenheit anknüpfen wollten. Von der Bevölkerung ist diese altertümliche Form des Griechischen nie angenommen worden. Dennoch hat jahrzehntelang ein erbitterter Sprachenstreit zwischen Attizisten und Demotizisten getobt. Nach dem Ende der Papadopoulos-Diktatur beschloss das griechische Parlament 1976, die Katharevousa als Amtssprache abzuschaffen. Sie spielt heute eigentlich nur noch eine Rolle bei Inschriften und kirchlichen Dokumenten, während

A B C D E F G H I J K L M N O P Q R S T U V W X Y Z
Α Β Χ Δ Ε Φ Γ Η Ι ϑ Κ Λ Μ Ν Ο Π Θ Υ Ρ Σ Τ Υ ς Ω Ξ Ψ Ζ
α β χ δ ε φ γ η ι φ κ λ μ ν ο π θ ρ σ τ υ ϖ ω ξ ψ ζ

Zeitungen und Literatur ausschließlich in der Volkssprache geschrieben werden. Allerdings sind viele Katharevousa-Ausdrücke auch in den allgemeinen Sprachgebrauch eingegangen. Das in Athen erscheinende Qualitätsblatt Estía verwendet noch immer eine, jedoch sehr gemäßigte, Variante der Katharevousa.

Guantschisch

Siehe: Pfeifsprache

H

Hamburger Sie

Das Hamburger Sie ist eine Anrede, bei der man jemanden beim Vornamen nennt, aber dazu siezt. Beim umgekehrten Fall, duzen (→Duzen) und dann mit Nachnamen ansprechen, liegt das *Münchner* beziehungsweise *Berliner Du* vor; beim Kassiererinnen- oder Aldi-Du wird zudem noch ein »Herr« oder »Frau« angefügt. Das Hamburger Du wurde wohl ursprünglich als Anrede der Kaufleute für ihr Ladenpersonal verwendet und verdankt sich möglicherweise der traditionellen Anglophilie der hanseatischen Oberschicht. Einige meinen aber, dass es von Redakteuren der in Hamburg ansässigen Wochenzeitung *Die Zeit* erfunden wurde *(Zeit-Sie)*. Auf jeden Fall findet das Hamburger Sie immer dann Verwendung, wenn einem Hamburger eine Person sympathisch ist, aber kein privates Verhältnis besteht, also dann doch Abstand geboten erscheint. Die Verbindung von Vornamen und Siezen wird allgemein gerne von Lehrern zur Anrede von Schülern der gymnasialen Oberstufe gebraucht. Auch Eltern greifen darauf zurück, um die erwachsenen Freunde ihrer Kinder anzusprechen. In seiner Kolumne *Darf man den Herbst duzen* bringt Max Goldt ein paar schöne Beispiele: »Was Jil-Sander-Kostüm-tragende Mütter den Van-Laack-Hemden tragenden Freunden ihrer Töchter sagen: ›Jens-Carsten, ob Sie wohl die Güte hätten, mir mein Brillenetui und/oder die Hartkäsereibe zu reichen?‹« Und für das Berliner Du: »Herr Rutschky, kannste mal die Scheißhausbürste rüberwachsen lassen?«

Handy

Als besonders peinliches Beispiel für →Denglisch oder einen Scheinanglizimus (→Anglizismus) wird gerne das »Handy« angeführt. Im britischen Englisch spricht man von »mobile phone« oder »mobile«, der Amerikaner sagt »cellular phone« kurz: »cell phone« oder nur »cell«. Wie ist es zu der merkwürdigen Bezeichnung im Deutschen gekommen? Motorola stellte in den 1930er- und 40er-Jahren für das Militär zwei Arten mobiler Funkgeräte her: Das Rucksackfunkgerät hieß Walkie-Talkie (= »Geh-Sprecher«), das Handsprechfunkgerät *Handie*-Ta!kie (= »Hand-Sprecher«). Die seltsame Schreibung mit »ie« ist wohl nur Spielerei. Jedenfalls verkauften Bosch und Hagenuk 1993 ihre Mobiltelefone unter der Bezeichnung Handy. Genau genommen ist also das Handy durchaus ein reiner Anglizismus, der jedoch im englischsprachigen Raum nicht mehr gebräuchlich ist. Ein ähnliches Schicksal erlitt u. a. auch der *Smoking*, den die Briten »dinner-suit«, die Amerikaner »tuxedo« nennen.

Hebräisch

Hebräisch wurde ursprünglich vom Volk der Israeliten gesprochen und ist den Sprachen des alten Kanaan, zu denen auch das Phönizische gehört, eng verwandt. Die Schriften des Alten Testaments sind vom 10. bis zum 2. Jahrhundert v. Chr. mehrheitlich in Hebräisch verfasst. Seit dem 6. Jahrhundert v. Chr. hat das →Aramäische das Hebräische als gesprochene Sprache verdrängt, im 2. Jahrhundert n. Chr. hörte das Hebräische auf, als gesprochene Sprache zu bestehen. Danach wurde es als Sakralsprache verwendet und bildete das zentrale Symbol des Judentums. In der modernen Form →Ivrit wird Hebräisch heute von 4,6 Millionen Menschen im Staat Israel gesprochen. Das hebräische Alphabet bezeichnet wie das arabische nur Konsonanten, die Vokale müssen beim Lesen ergänzt werden. Solange das Hebräische gesprochen wurde, war die richtige Aussprache der geschriebenen Worte kein Problem. Aber woher weiß der nichthebräischsprachige Leser, mit welchen Vokalen er das Konsonantengerüst der Wörter versehen soll? Woher weiß er, dass beispielsweise der Name Nbkdnzr *Nebukadnezar* ausgesprochen wird? Um die Aussprache einheitlich zu überliefern und eine korrekte Lesung sicherzustellen, haben jüdische Gelehrte besondere Vokalzeichen erfunden, die unter, über und in die Konsonanten gesetzt werden. Seit dem 8. Jahrhundert n. Chr. war sie voll ausgebildet.

א	Aleph	Lamed	ל
ב	Beth	mem	מ
ג	Gimel	Nun	נ
ד	Daleth	Samex	ס
ה	He	‘Ain	ע
ו	Waw	Pe	פ
ז	Zain	Sade	צ
ח	Kheth	Qoph	ק
ט	Tet	Reš	ר
י	Yod	Šin	ש
כ	Kaph	Taw	ת

Der heilige Gottesname

Der Name Gottes erscheint in der hebräischen Bibel 6.828 Mal und ist darin der häufigste Eigenname. Er wird im Tanach (der hebräischen Bibel) stets als Tetragramm (»Vierzeichen«) aus den Konsonanten Jod, He, Waw und He dargestellt, die von rechts nach links das Wort JHWH ergeben. Über die Frage, was der Name JHWH bedeutet und wo er herkommt, streiten sich die Gelehrten. Möglicherweise war seine Ursprungsbedeutung schon im alten Israel nicht mehr bekannt.

Weil der heilige Gottesname nicht ausgesprochen werden durfte (Exodus 20,7: »Du sollst den Namen des HERRN, deines Gottes, nicht missbrauchen; denn der HERR lässt den nicht ungestraft, der seinen Namen missbraucht.«), griffen die jüdischen Gelehrten zu einer recht komplizierten Maßnahme: Um die Exklusivität des Gottesnamens hervorzuheben, versahen sie JHWH mit den Vokalen von »Adonaj« (»mein Herr«) und ersetzten den A-Laut der Anfangssilbe durch den unbetonten E-Laut (Swa). Wenn im Text zufällig Adonaj in der ursprünglichen Bedeutung neben JHWH auftauchte, versahen sie den Gottesnamen mit den Vokalen von »Elohim« (Götter/Gott). Die Vokalzeichen zum Tetragramm zeigen also an, dass der Leser JHWH »Adonaj« oder »Elohim« auszusprechen hat. Allerdings ist »Adonaj« nur dem Gebet vorbehalten, beim täglichen Lesen in der Bibel oder im Gespräch verwenden die Juden die Version »haSchem« (»der Name«). »Gott sei Dank« heißt entsprechend »Baruch haSchem« (»gesegnet [sei] der Name«).

Im Mittelalter kommt durch christliche Autoren das zählebige Missverständnis auf, JHWH sei *Jehova* auszusprechen.

Als Erster hat diese Schreibweise der spanische Dominikaner Raymund Martini in seiner Schrift *Pugio Fidei adversus Mauros et Judeos* (1278) verwendet. Wenn man JHWH mit der Vokalisation von Adonaj ausspricht (und das erste A durch ein Swa ersetzt), kommt man auf: JeHoWah, in latinisierter Form: Jehova. Diese Lesart war bis ins 20. Jahrhundert hinein üblich; sie begegnete beispielsweise bis vor Kurzem im Kirchenlied »Dir, dir, Jehova, will ich singen«. Das Lied (Nr. 328 im *Evangelischen Gesangbuch*) heißt inzwischen »Dir, dir, o Höchster, will ich singen«. Von den Zeugen Jehovas wird die alte Form »Jehova« noch heute verwendet.

Wie JHWH eigentlich auszusprechen ist, lässt sich heute nicht mit Sicherheit sagen. Die Tabuisierung des Gottesnamens begann bereits in der Zeit nach dem Wiederaufbau des Tempels (539 v. Chr.). Allein der Hohepriester durfte den Gottesnamen am Jom Kippur aussprechen, allerdings wurde er vom Gesang der Leviten so übertönt, dass niemand den Namen hören konnte. Mit der Zerstörung des Tempels (70 n. Chr.) war es auch damit vorbei, und die ursprüngliche Aussprache des heiligen Gottesnamens geriet endgültig in Vergessenheit. Die moderne Bibelforschung hat viele Versuche einer Rekonstruktion unternommen, die Mehrzahl der Experten, Hebraisten und Theologen spricht JHWH heute »Jahwe« aus.

In den meisten modernen →Bibelübersetzungen steht für JHWH »Herr«, wobei manchmal unterschieden wird: Steht im hebräischen Text JHWH, heißt es *HErr*, steht »Adonaj« *HERR*. Steht »Adonaj JHWH« heißt es »Herr GOTT«, gelegentlich auch »Herr HErr«. Die *Bibel in gerechter Sprache* will sich überhaupt nicht festlegen und bietet ihren Lesern gleich einen ganzen Katalog von Lesemöglichkeiten: Adonaj, der

Ewige, die Ewige, Schechina, GOTT, Ich-bin-da, der Name, der Lebendige, die Lebendige, ErSie und so weiter.

Hieroglyphen

Die griechische Bezeichnung Hieroglyphen für die ägyptische Schrift findet sich zum ersten Mal bei dem Kirchenvater Clemens von Alexandria (gestorben um 210) und bedeutet so viel wie »heiliges Schnitzwerk«. Heute kennt man nicht nur ägyptische, sondern auch luwische, urartäische und kretische Hieroglyphen; die Maya bedienten sich ebenfalls einer Hieroglyphen-Schrift. Die alten Griechen kannten Hieroglyphen von den Tempel- und Palastwänden Ägyptens, sie konnten sie aber nicht lesen und hielten sie für eine Geheimschrift der Priester. Der Philosoph Plotin (um 205–270 n. Chr.) schreibt in seinen *Enneaden:* »Die ägyptischen Weisen […] benutzten, um die Dinge klug zu bezeichnen, nicht gezeichnete Buchstaben, die sich zu Reden und Sätzen reihen und Laute und Wörter darstellen; sondern sie zeichnen Bilder, deren jedes sich auf eine bestimmte Sache bezieht, und ritzen sie in ihre Tempel ein […]. Jedes eingeschnittene Zeichen ist daher eine Weisheit, eine Wissenschaft, eine wirkliche Sache, die mit einem Schlage erfasst worden ist […].«

Diese Aura von Geheimnis und Magie haftet den Hieroglyphen bis heute an. In der Renaissance, die sich über die Maßen für derartiges begeisterte, wurden die Hieroglyphen mit der Magie des Hermes Trismegistos, dem legendären Verfasser einer Reihe alchimistischer, astrologischer und magischer Schriften, in Verbindung gebracht. Es hat unendlich viele Entzifferungsversuche gegeben, die allesamt fehlschlugen. Selbst der geniale Athanasius Kircher (1602–1680), den man nichtsdestotrotz mit Fug und Recht den Vater der Ägyptologie nennen darf, ging mit seiner Entzifferung – weil keine Vergleichstexte bekannter Sprachen vorlagen – grandios in die Irre.

Der Durchbruch gelang erst 1822 dem Franzosen Jean-François Champollion (1790–1832). 1798 fand während Napoleons Ägypten-Feldzug ein französischer Soldat am Fort de Rachid im Nildelta, 7,5 Kilometer nordwestlich von Rosetta, den berühmten »Stein von Rosetta«. Nach der Kapitulation der Franzosen in Ägypten ist der Stein ins British Museum gekommen, wo er noch heute steht. Auf ihm ist ein Gedenktext in drei Sprachen eingemeißelt: Hieroglyphisch, Demotisch (einer Kursivschrift, die sich seit 1000 v. Chr. ausgebildet hatte) und Griechisch. Champollion hatte entdeckt, dass bestimmte Zeichengruppen im Hieroglyphentext von einem Oval (Kartusche) eingeschlossen waren, er fand ihre Entsprechungen im griechischen Text und konnte so zunächst die Namen »Ptolemaios« und »Kleopatra« identifizieren. Die Buchstaben, die den Namen gemeinsam waren, entsprachen tatsächlich denselben Hieroglyphen.

Auf diese Weise konnte Champollion immer mehr Buchstaben entziffern. C. W Ceram erzählt die Geschichte der Entzifferung der Hieroglyphen eindrucksvoll in seinem Weltbestseller *Götter, Gräber und Gelehrte* (1949). Die teilweise sehr banalen Übersetzungsergebnisse sorgten bei denjenigen, die in den Hieroglyphentexte immer noch »altägyptische Weisheiten« vermuteten, für große Enttäuschung.

𓄿	ꜣ	Geier	𓐍	ḫ	Placenta (?)
𓇋	j	Schilfrohr	𓄡	ẖ	Tierbauch mit Zitzen
𓇌 𓏭	jj,j		𓊃	s	Riegel
𓂝	‘	Unterarm	𓋴	ś	gefaltetes Tuch
𓅱	w	Wachtel	𓈙	š	Teich, See
𓃀	b	Bein	𓈎	ḳ	Hügel
𓊪	p	Stuhl	𓎡	k	Korb mit Handgriff
𓆑	f	gehörnte Schlange	𓎼	g	Ständer für Krüge
𓅓	m	Eule	𓏏	t	Brot
𓈖	n	Wasser	𓍿	ṯ	Viehstrick
𓂋	r	Mund	𓂧	d	Hand
𓉔	h	Hof			
𓎛	ḥ	geflochtene Flachssträhne	𓆓	ḏ	Schlange

Hokuspokus

Der bekannteste aller Zaubersprüche ist vielleicht eine Verballhornung der lateinischen Einsetzungsworte: »Hoc est (enim) corpus meum« (»Das ist mein Leib«). Die Gemeinde, die kein Latein verstand, hörte nur »Hokuspokus«. Da ja nach katholischem Verständnis die Hostie tatsächlich in den Leib Christi verwandelt wird, sind die Einsetzungsworte an sich schon eine Art Zauberspruch. Es ist aber nicht ausgeschlossen, dass bei dieser Erklärung reformatorische Polemik gegen die Verwendung des Lateinischen im Gottesdienst im Spiele ist. Möglicherweise ist Hokuspokus nur die Abwandlung einer Zauberformel, die bereits im 14. Jahrhundert im Schwange war: »hax, pax, max, deus adimax« (kurz: »Haxpaxmax«). In Skandinavien bringt man Hokuspokus mit dem Dämon oder Magier Ochus Bochus in Verbindung. Ein gewisser Elias Piluland weist in seinem Buch *Hocus Pocus Iunior. The Anatomie of Legerdemain* von 1634 (deutsch 1667: *Hocus Pocus oder Taschen-Spieler, darin die Kunst auß der Taschen zu spielen gar deutlich beschrieben wird; auch mit schönen Figuren erklärt, daß ein Unwissender hierauß nach weniger Übung dieselbe Kunst völlig erlernen könne)* auf den Spruch »hocus pocus filiocus« hin, der auch in Schweden und Dänemark bekannt ist. Eventuell klingt in »hocus« auch das englische »hoax« (Schabernack, Scherz, Täuschung, Betrug) mit an. Der Arzt und Gelehrte Thomas Ady berichtet in seinem famosen Buch *Candle in the Dark: Or, A Treatise Concerning the Nature of Witches & Witchcraft* (1656), dass sich zu Zeiten König James' I. (1602–1680) ein Zauberer als »The Kings Majesties most excellent Hocus Pocus« bezeichnet haben soll. Was es aber genau mit der Zauberformel auf sich hat, werden wir wohl nie erfahren.

I

Indien

Wie viele Sprachen in Indien gesprochen werden, ist schwer zu sagen, vor allem weil oft, besonders bei den Hindi-verwandten Idiomen, die Unterscheidung zwischen eigenständiger Sprache und →Dialekt schwerfällt. Die indische Regierung zählte im Zensus von 1991 insgesamt 114 Sprachen, wobei hier einige sonst als eigenständig geltende Sprache als Hindi-Dialekte eingeordnet wurden.

Amtssprachen:

Hindi und Englisch sind die Amtssprachen der Republik Indien.

Auf Bundesstaatenebene fungieren als Amtssprachen:

Kokborok in Tripura * Mizo in Mizoram * Khasi in Meghalaya * Garo in Meghalaya * Französisch in Puducherry

Die indische Verfassung erkennt ausserdem 22 Nationalsprachen an:

Asamiya * Bengali * Bodo (Boro) * Dogri * Gujarati * Hindi * Kannada * Kashmiri * Konkani * Maithili * Malayalam * Marathi * Meitei (Manipuri) * Nepali * Oriya * Panjabi * Sanskrit * Santali * Sindhi * Tamil * Telugu * Urdu

Dazu kommen:

Adi * Anal * Angami * Ao * Arabisch * Bhili (Bhilodi) * Bishnupuriya * Bhotia * Bhumij * Chakesang * Chakru (Chokri) * Chang * Deori * Dimasa * Gadaba * Gangte * Garo, * Gondi * Halab * Halam * Hmar * Ho * Jatapu * Juang * Kabui * Karbi (Mikir) * Khandeshi * Kharia * Khasi * Khiemnungan * Khezha * Khond (Kondh) * Kinnauri * Kisan * Koch * Koda (Kora) * Kolami * Kom * Konda * Konyak * Korku * Korwa * Koya * Kui * Kuki * Kurgi (Kodagu) * Kurukh (Oraon) * Lahauli * Lahnda * Lakher * Lalung * Lepcha * Liangmei * Limbu * Lotha * Luzhai (Mizo) * Malto * Mao * Maram * Maring * Miri (Mishing) * Mishmi * Mogh * Monpa * Munda * Mundari * Nikobaresisch * Nissi (Dafla) * Nocte * Paite * Parji * Pawi * Phom * Pochury * Rabha * Rengma * Sangtam * Savara * Sema * Sherpa * Tangkhul * Tangsa * Thado * Tibetisch * Tripuri * Tulu * Vaiphei * Wancho * Yimchungre * Zeliang * Zemi * Zou

Indoeuropäische Sprachen

Zu den indoeuropäischen Sprachen zählen insgesamt 418 Sprachen, darunter die wichtigen →Sanskrit, Persisch, →Griechisch, →Latein. Außer →Baskisch und den finnougrischen Sprachen Finnisch, Estnisch, Ungarisch und dem Samischen gehören alle europäischen Sprachen zu den indoeuropäischen. Von den acht →Weltsprachen gehören nur vier: →Chinesisch, Japanisch, →Arabisch und Indonesisch, nicht dazu. Die meisten indoeuropäischen Sprachen werden jedoch gar nicht in Europa gesprochen. Im Iran, in Pakistan und auf dem indischen Subkontinent (→Indien) existieren über 300 Sprachen, die zu dieser Familie gehören.

Die deutsche Sprachwissenschaft des 19. Jahrhunderts hat die Bezeichnung »indogermanisch« geprägt. Diese Benennung hat sich bei uns lange gehalten und ist auch teilweise noch präsent (etwa in dem Studienfach *Indogermanistik* = Indoeuropäische Sprachwissenschaft). Internationalen Gepflogenheiten entsprechend benutzt man heute auch im deutschen Sprachraum die Bezeichnung »indoeuropäisch«, die das Universal- und auch →Sprachgenie Thomas Young (1773–1829) bereits 1813 eingeführt hat (unter dem Eintrag »Languages« in der *Encyclopaedia Britannica* hat er Grammatik und Vokabular von 400 Sprachen miteinander verglichen).

Archäologie, Vergleichende Sprachwissenschaft und Humangenetik vermuten die Urheimat der Indoeuropäer in der Gegend zwischen dem Schwarzen und dem Kaspischen Meer. Von 5000 bis 4000 v. Chr. sind Stammesverbände nach Südost- und Mitteleuropa gekommen. Gleichzeitig hat eine Migration nach dem Iran und in den Norden Indiens stattgefunden.

Zu den indoeuropäischen Sprachen gehören die folgenden Gruppen:

Albanisch

Anatolische Sprachen (alle ausgestorben)

Armenisch

Baltische Sprachen:

Ostbaltische Sprachen: Litauisch, Lettisch, Nehrungskurisch (so gut wie ausgestorben), Selonisch (ausgestorben), Semgallisch (ausgestorben).

Westbaltische Sprachen: Altpreußisch, Jatwingisch (Yatwigisch, Jatwigisch, Yotwingisch, Sudauisch, Sudovisch), Galindisch, Dniepr-Baltisch (alle ausgestorben).

Germanische Sprachen:

Nordgermanische Sprachen: Dänisch, Färöisch, Isländisch, Norwegisch, Schwedisch.

Ostgermanische Sprachen: Burgundisch, Gotisch (Krimgotisch), Vandalisch (alle ausgestorben).

Westgermanische Sprachen: Englisch (mit Scots, Cayman-Inseln-Englisch, Angloromani), Deutsch (Hochdeutsch), Friesisch, Jiddisch, Luxemburgisch, Niederdeutsch, Niederländisch (mit Afrikaans).

Griechisch

Makedonisch (Zuordnung nicht geklärt)

Illyrisch (ausgestorben)

Indoiranische Sprachen:

Indoarische Sprachen: Pahari, Nepali, Lahnda, Panjabi, Sindhi, Rajasthani, Gujarati, Hindi (und verwandte Sprachen), Bihari, Bengali, Assami, Oriya, Marathi, Singhalesisch.

Iranische Sprachen: Persisch, Dari, Tadschikisch, Hazara, Aimag, Judäo-Persisch, Paschtu, Belutschi, Kurmandij, Luri, Sorani (Kurdi), Südkurdisch, Mazanderani, Gilaki, Zazaki, Taleshi, Ossetisch, Gorani, Süd-Tati, Tati, Wanetsi.

Nuristani-Sprachen: Kati, Prasun, Ashkun, Waigali, Gambiri, Zemiaki.

Italische Sprachen:

Oskisch-umbrische Sprachen: Oskisch, Umbrisch, Äquisch, Marrukinisch, Marsisch, Pälignisch, Picenisch, Sabinisch, Vestinisch, Volskisch (alle ausgestorben).

Latino-faliskische Sprachen: Faliskisch (ausgestorben), Latein

ROMANISCHE SPRACHEN:
Italienisch, Spanisch, Portugiesisch, Rumänisch, Französisch, Okzitanisch, Sardisch, Rätoromanisch, Moldawisch, Ladinisch, Furlanisch, Galizisch, Katalonisch, Aragonesisch.
Keltische Sprachen:
Britannische Sprachen: Bretonisch, Walisisch, Kornisch, Kumbrisch (ausgestorben). *Goidelische Sprachen:* Irisch, Schottisch-Gälisch, Manx. *Festlandskeltische Sprachen:* Gallisch, Galatisch, Lepontisch, Keltiberisch (alle ausgestorben).
Phrygisch (ausgestorben)
Slawische Sprachen:
Ostslawische Sprachen: Russisch, Ukrainisch, Weißrussisch, Westpolessisch (eine Übergangssprache zwischen Ukrainisch und Weißrussisch).
Westslawische Sprachen: Polabisch (Elbslawisch, ausgestorben), Polnisch, Kaschubisch, Slowinzisch (so gut wie ausgestorben), Sorbisch (Nieder- und Obersorbisch), Tschechisch, Lachisch (eine Übergangssprache zwischen Polnisch und Tschechisch), Slowakisch.
Südslawische Sprachen: Altkirchenslawisch (wohl aus einem slawischen Dialekt, der bei Thessaloniki gesprochen wurde), Ägäis-Mazedonisch, Banater Bulgarisch, Bulgarisch, Mazedonisch, Pomakisch, Burgenlandkroatisch, Moliseslawisch (eine dem Kroatischen verwandte Mikrosprache im italienischen Molise), Kroatisch, Bosnisch, Montenegrinisch, Serbisch, Goranisch, Resianisch, Slowenisch.
Thrakisch (ausgestorben)
Tocharisch (ausgestorben)
Venetisch (ausgestorben)

Iota

Der neunte Buchstabe des griechischen Alphabets stammt wie alle griechischen Buchstaben aus dem phönizischen Alphabet, und zwar vom Buchstaben Jod (hebräisch ebenfalls Jod, arabisch Ya). Die Griechen sprachen ihn »i« aus (also zum Beispiel »Ionien«, nicht »Jonien«). In Matthäus 5,18 heißt es: »Denn ich sage euch wahrlich: Bis dass Himmel und Erde vergehen, wird nicht vergehen der kleinste Buchstabe noch ein Tüpfelchen vom Gesetz, bis dass es alles geschehe.« Im Original steht »Iota«, die Übersetzer schreiben aber aus Verständlichkeitsgründen gerne »der kleinste Buchstabe« oder ähnlich. Im Griechischen wird das Iota als einfacher Strich wiedergegeben, im hebräischen Alphabet ist er tatsächlich nur ein Häkchen.

Das Iota hat in der Kirchengeschichte eine nicht unwesentliche Rolle gespielt. Im Arianischen Streit ging es darum, ob Jesus Gott dem Vater *wesensgleich* oder, wie die Arianer glaubten, nur *wesensähnlich* sei. Im Griechischen heißt wesensgleich »homooúsios«, wesensähnlich aber »homoioúsios«. Die beiden unversöhnlichen theologischen Positionen haben sich also nur durch ein Iota unterschieden. 325 wurde auf dem Ersten Konzil von Nicäa unter dem Vorsitz von Kaiser Konstantin entschieden, das Jesus Gott wesensgleich sei. Im nizäno-konstantinopolitanischen Glaubensbekenntnis heißt es denn auch noch heute: »eines Wesens mit dem Vater«. Um sich deutlich vom Arianismus abzugrenzen und klarzustellen, dass Jesus Christus mit Gott Vater gleichzustellen sei, hat die katholische Kirche auf dem Konzil von Toledo 589 den Zusatz »filioque« eingeführt: »Wir glauben an den Heiligen Geist, der Herr ist und lebendig macht, der aus dem Vater *und dem Sohn* [lateinisch: »filioque«] hervorgeht.« Die orthodoxe Kirche hat diesen Zusatz nie anerkannt. Bis heute spielt dieser Punkt, der eng mit der Trinitätslehre, also einer theologischen Kernfrage, zusammenhängt, bei der Annäherung zwischen orthodoxer und katholischer Kirche eine entscheidende Rolle. In der päpstlichen Erklärung *Dominus Iesus* aus dem Jahre 2000 (herausgegeben vom damaligen Kardinal Ratzinger) wird vorsichtigerweise das Filioque nicht verwendet. Es gibt Theologen, die – mit aller Vorsicht – eine Zurücknahme des Filioque seitens der katholischen Kirche als einen realistischen Schritt zur Aufhebung der Kirchenspaltung bewerten. Das führt jetzt ein bisschen zu weit, aber der ganze Schlamassel hat mit dem Iota angefangen.

Ivrit

Das Ivrit (Neuhebräisch) ist die Staatssprache des modernen Israel und wird von 4,6 Millionen Menschen gesprochen. Im 19. Jahrhundert haben sich verschiedene jüdische Gelehrte um eine Wiederbelebung des alten →Hebräischen als einer gesprochenen Sprache bemüht. Entwickelt hat die moderne Form des Hebräischen Eliezer Ben Yehouda (eigentlich Eliezer Jitzhak Perelman, 1858–1922). Bereits 1883 unterrichtete er in Ivrit und gab wenige Jahre darauf die erste hebräische Zeitung Jerusalems *Hatsevi (= Der Hirsch)* heraus. Ben Jehuda sprach mit seinem Sohn von Anfang an nur Ivrit und hielt ihn von anderen Sprachen fern. Einmal soll er seine Frau geschlagen haben, weil sie dem Kind ein russisches Wiegenlied vorsang. Sein Sohn Ben-Zion Ben Jehuda (1882–1943) war also der erste Mensch mit Ivrit als Muttersprache. Später änderte er seinen Namen in Itamar Ben-Avi, ein Akronym (→Pseudonym) seines ursprünglichen Namens. Die Zionisten gaben dem Ivrit gegenüber dem →Jiddischen, das sie für degeneriertes Deutsch hielten, den Vorzug, und so wurde es zur Nationalsprache Israels.

J

Jenische

Die Jenischen sind, ähnlich den spanischen Quinqui und den irischen Travellers (»Tinkers«), eine wandernde, inzwischen meist halb- oder ganz sesshafte Ethnie in Europa, deren Herkunft ungeklärt ist. Sie sind nicht mit Sinti und Roma identisch, auch wenn sie gelegentlich als »weiße Zigeuner« bezeichnet und in der Regel mit antiziganistischen Ressentiments konfrontiert werden. Sie selbst betrachten sich gerne als Nachkommen der Kelten. Das klingt ein bisschen weit hergeholt. Allerdings gibt es offenbar die Jenischen schon sehr lange, und ihre helle Haut, vor allem die unter ihnen verbreitete »keltische« Blutgruppe o sprechen für die Kelten-Theorie.

Jenisch wird oft irrtümlich gleichbedeutend mit Rotwelsch oder als Synonym für →Gaunersprache verwendet. Zahlreiche Hebraismen im Jenischen und die jüdischen Familiennamen deuten darauf hin, dass die Jenischen von jüdischen Wanderhändlern abstammen könnten, zumindest gab es offenbar enge Kontakte zu (westjiddisch sprechenden) jüdischen Hausierern. Manchmal wird ihre Herkunft auch auf die Bauernkriege oder den Dreißigjährigen Krieg zurückgeführt; Deserteure und Heimatlose sollen sich, um die Kriegswirren zu überleben, zu Gruppen vereint haben. Tatsächlich sind ab der Mitte des 17. Jahrhunderts viele Jenische in Dörfern angesiedelt worden. Traditionell arbeiteten die Jensischen als Korbmacher, Scherenschleifer, Kesselflicker, Schirmflicker und dergleichen. Obwohl die nationalsozialistischen Rassentheoretiker sehr wohl erkannten, dass Jenische und Zigeuner nicht miteinander verwandt waren, stuften sie die Jenischen als »Zigeunermischlinge« ein. Viele von ihnen wurden in KZs ermordet.

In Deutschland leben heute etwa 200.000 Jenische, die meisten in Bayern, Baden-Württemberg und Rheinland-Pfalz, davon sind weniger als 30.000 noch ganzjährig in Wohnwagen unterwegs. Auch in den Benelux-Staaten, der Schweiz, Frankreich, Ungarn, Österreich und Weißrussland gibt es Jenische. In der Schweiz waren die Jenischen von den 1920er-Jahren bis in die 70er-Jahre hinein besonderer Drangsalierung ausgesetzt. Das berüchtigte »Hilfswerk Kinder der Landstraße« hat gewaltsam Kinder aus jenischen Familien gerissen und adoptieren lassen. Die Aufarbeitung dieser dunklen Episode ist noch lange nicht abgeschlossen. Immerhin genießen heute die Jenischen in der Schweiz den Status einer nationalen Minderheit. Übrigens sind die Marx Brothers mütterlicherseits jenischer Abstammung. Ihr Großvater zog noch als Schirmflicker und Bauchredner durch das Elsass, bevor die Familie 1880 nach New York auswanderte. Groucho *(Groucho and Me)* und Harpo *(Harpo Speaks!)* erzählen davon in ihren Autobiographien.

Einige jenische Wörter:

aschuri	Messer	**klufte**	Kleidung
bibrisch	kalt	**längling**	Wurst
blätling	Salat	**loving**	Geld
boxen	Hosen	**maro**	Brot
fineter	Fenster	**nack**	Nase
fisel	Junge	**schächer-blamm**	Bier
kaserum	Schwein	**schaller**	Lehrer
keluf	Hund	**schockert**	Kaffee

Jiddisch

Jiddisch ist die Sprache der aschkenasischen Juden, also der mitteleuropäischen Juden, die im deutschsprachigen Raum leben. Das Jiddische ist nach seiner Grammatik und seinem Wortschatz eine germanische Sprache (→indoeuropäische Sprachen), die im großen Umfang hebräische, aramäische, polnische, ukrainische und russische Elemente enthält. Geschrieben wurde und wird Jiddisch in der hebräischen Schrift. Das ältere Westjiddisch hat im Zuge der Assimilation seit dem 18. Jahrhundert an Bedeutung verloren, bis zur Vernichtung der europäischen Juden war das Ostjiddische eine verbreitete und überaus lebendige Sprache. Heute wird Jiddisch von noch insgesamt 2 Millionen Menschen in den USA, Kanada, Israel und verschiedenen Ländern Osteuropas gesprochen. In Westeuropa sind Antwerpen, London und Manchester jiddische Zentren.

Hebräisch – Jiddisch – Deutsch

Es gibt im Deutschen eine ganze Menge hebräischer Wörter (Hebraismen), die entweder direkt aus der Bibel entnommen oder über das Jiddische in die Sprache eingeflossen sind.

Ausdruck	Bedeutung	Hebräisch
Beisl	Wirtshaus	beth = Haus
benebelt	berauscht, betrunken	nabal = Tor (?)
Chuzpe	Frechheit	chuzpah
dufte	toll	tov = gut
Ganove	Betrüger, Dieb	gannav = Dieb
geschlaucht	erschöpft	schlacha = zu Boden werfen
Hals- und Beinbruch	Segenswunsch	baruch = gesegnet
Ische	Frau (abwertend)	ischa = Frau
Kaffer (nicht der afrikanische!)	Dorfdepp	kafar = Gehöft, Dorf
Kassiber	(Geheim-)Schreiben	kethabim = Schriftstücke
kess	frech	cheth = Buchstabe (?)
Kies	Geld	kis = Geldbeutel
Kluft	Gewand	kiluf = Schale
Knast	Gefängnis	kanas = Strafe
Kohl reden	Unsinn reden	qol = Stimme, Rede
koscher	in Ordnung (ursprünglich: dem jiddischen Gesetz gemäß)	kascher = tauglich
kotzen	speien	qoz = sich ekeln (?)
eine Macke haben	beschädigt sein	maka = Schlag
Maloche	schwere Arbeit	melaka = Arbeit
Massel	Glück	mazzal = Schicksal
mauscheln	hinter vorgehaltener Hand flüstern	Herkunft unklar, vielleicht vom jiddischen Mausche für Mose
mausetot	tot	mauväth = tot
meschugge	verrückt	meschuga = irre
mies	schlecht	meis = schlecht
Mischpoche	Sippe	mischpacha = Familie
Moos	Geld	maoth = (kleine) Münzen
petzen	verraten	pazah = den Mund aufmachen

Ausdruck	Bedeutung	Hebräisch
pleite	bankrott	plejta = Flucht
Reibach	Gewinn	rebabah = unzählbare Menge
Rutsch (Guten Rutsch!)	Frohes neues Jahr!	rosch = Kopf, Anfang, Jahresanfang
Satan	Teufel	satan = Feind
schachern	unlauteren Handel treiben	sahar = umherziehen, oder schakar = betrügen
schäkern	flirten	schakar (?) = betrügen
Schickse	(eigentlich: christliche) Frau	schikkuz = Abscheu
schleimen	sich einschmeicheln	schäläm = Erstattung, Dank
Schmiere (stehen)	aufpassen	schamar = bewachen
Schmäh	Witz	schemah = Gerücht
Schmus	Geschwätz	schemuoth = Gerüchte
schofel	wertlos, charakterlos	schafal = niedrig
Schussel	nervöser, vergesslicher Mensch	schut = umherlaufen
Stuss	Unsinn	schtuth = Narretei
Tacheles (reden)	Klartext reden	takelith = Vervollkommnung
Tinnef	Schund, Tand	tinnuf = aramäisch: Kot, Nachgeburt
Toches	Hintern	tachath = das Untere
Zocker	Spieler	zchok = lachen, spielen
Zoff	Ärger	soph = Ende
Zores	Ärger, Sorgen	zarah = Not

Jüdische Namen

Die absolutistischen Staaten vor allem Nord- und Mitteleuropas zwangen ab Ende des 18. Jahrhunderts auch die Juden zur Annahme unveränderbarer →Familiennamen (vorher waren Patronyme mit der Bildung »ben« = »Sohn« in Gebrauch, z. B. Jochanan ben Zakkai, Moses ben Maimon, Menasse ben Israel). Napoleon verfügte 1808 für Frankreich unveränderliche Familiennamen und setzte später die Regelung in seinem ganzen Herrschaftsgebiet durch. Um die Assimilation der Juden zu fördern, ließ das Gesetz keinen Namen zu, der die jüdische Herkunft seines Trägers unmissverständlich anzeigte. Trotzdem oder wohl gerade deswegen kamen einige recht kuriose Namen zustande.

Oft wurde ein **biblischer Vorname** als Nachname eingesetzt: Abraham (mit Abkürzungsvarianten wie Brom, Brum oder Brahms), Adam, Ephraim, Salomon, auch in Anspielungen auf Episoden in der Bibel: Für Abraham den Stammvater stand Baum, Leblang für Isaak (der 180 Jahre alt wurde), Wurm für Jaakov (Jesaja 41,14), Schreiber oder Adler für Moses, Stein für Issak und so weiter. Dazu kommen die biblischen Namen auch in Koseform vor: Mendel für Menachem, Moos für Moses, Süskind für Azriel, Eliezer oder Zacharia.

Weiter wurden die **Zwölf Stämme Israels** für die Namenswahl herangezogen, wiederum in direkter – Benjamin, Juda, Levi, Ruben, Simeon – wie indirekter Weise, indem man auf das entsprechende Symbol (Genesis 49,3–27) auswich: Löwe/Leon/Loeb (Koseform: Leibl) für Juda, Drache/Trachmann für Dan, Wolf für Benjamin, Hirsch/Hirschfeld, Hirschl für Naftali (was eigentlich *Gazelle* heißt) und Bär für Issachar (der eigentlich *Esel* bedeutet, aber »Bär« klingt natürlich besser). Den Stämmen sind auch bestimmte Farben zugeordnet, die wiederum als Namen verwendet wurden: Roth = Ruben, Schwarz = Joseph oder Benjamin, Grün = Simeon, Weiß = Zebulon, Blau = Issachar und Juda, Gelb = Dan, Rosa = Naftali. Dazu kommen zahlreiche Erweiterungen wie Grünspan, Bleiweiß, Schwarzmann, Rosenzweig, Rosenthal. Namen, die Silber oder Gold beinhalten, werden mit den Erzengeln Michael und Gabriel in Verbindung gebracht: Silbermann, Goldberg.

Auch der **symbolische Schmuck** der alten Priestergewänder, wie er in Exodus 28,17–21 beschrieben wird, kam in Frage: Rubin (steht außerdem für den Stamm Ruben), Bernstein, Diamant, Saphir (auch für Issachar), Smaragd (auch für Juda) und Krystall. Ebenso die **Früchte des Heiligen Landes:** Weizen, Honig, Weinstock, oder **Tierkreiszeichen** (beispielsweise Wassermann). Ferner wurden in den alten Judengassen in Ermangelung von Hausnummern Häuser durch **Bilder** kenntlich gemacht, die dann als Nachnamen verwendet wurden: Rothschild, Pflug, Sichel, Stern, Strauß. Gelegentlich kamen auch Namen durch **Eindeutschung** zustande: aus Baruch (= der Gesegnete) wurde beispielsweise Selig oder Seligmann. Dann gab es eine Reihe von **Berufsbezeichnungen** wie Levi (Priester), Kohn/Cohn, Kuhn, Kahn (ebenfalls Priester). Schließlich wurden sehr gerne **Ortsnamen** (Toponyme) herangezogen: Guggenheimer, Feuchtwanger, Kissinger, Schapiro oder Spiro (aus Speyer), Frankfurter, Wertheimer, Oppenheimer, Schlesinger. Aber auch hier ist Vorsicht geboten: Das Toponym weist nur dann auf einen Ort hin, wenn zur Namensentstehung dort eine jüdische Gemeinde bestanden hat. Der Name Berlin oder Berliner ist zum Beispiel nur selten auf die Stadt Berlin zurückzuführen, sondern auf die Koseform von Bär.

Manche Namen, deren Bedeutung klar scheint, haben in Wirklichkeit eine andere Bedeutung: Katz kommt wohl von Cohen-Zedek (»gerechter Priester«), Heim kommt von Chaim, Biermann von Bärmann, Meier kommt vom Vornamen Meir und ist kein deutscher Meyer, Morgenstern kommt von Mordechai, Sonne von Sohn, Zweig von Zwi.

K

Kaschuben

Die Kaschuben sind ein westslawisches Volk, das in der polnischen Region Kaschubien oder der Kaschubei lebt, als deren Hauptstadt Gduńsk (Polnisch: Gdańsk, deutsch: Danzig) gilt. Zu Beginn des 20. Jahrhunderts zählte man in Pommern nur noch einige 10.000 Sprecher des Kaschubischen und des nahe verwandten, aber so gut wie ausgestorbenen Slowinzischen. Heute pflegen die Kaschuben ihre eigene Sprache und Tradition, fühlen sich aber den Polen eng verbunden. Traditionell gibt es aber zwei Strömungen: Während der kaschubische Schriftsteller Hieronim Derdowski (1852–1902) meinte: »Nie ma Kaszëb bez Polonii, a bez Kaszëb Polśczi« (»Es gibt kein Kaschubien ohne Polen, und kein Polen ohne Kaschubien«), wandten sich andere sowohl gegen eine Germanisierung als auch gegen eine Polonisierung der Kaschuben. Heute wird Kaschubisch an einigen Schulen gelehrt. Eine ganze Reihe bekannter Personen sind kaschubischer Herkunft: Der preußische General Ludwig Yorck von Wartenburg (1759–1830) hieß eigentlich Jan

Dawid Ludvik Jark von Gostkowski. Der SS-Obergruppenführer und mutmaßliche Kriegsverbrecher Erich von dem Bach-Zelewski (1899–1972) war ebenso Kaschube wie der ehemalige SS-Rekrut und heutige Literaturnobelpreisträger Günter Grass. Außerdem waren oder sind der (polnischsprachige) Schriftsteller Aleksander Majkowski (1876–1938) und der Politiker Donald Tusk (geboren 1957) Kaschuben.

In *Die Blechtrommel* (1959) lässt Grass Oskar Mazeraths kaschubische Großmutter Anna Koljaiczek sagen:

»So isses nu mal mit de Kaschuben, Oskarchen, die trefft es immer am Kopp. Aber ihr werd ja nun wägjehn nach drieben, wo besser is, und nur de Oma wird blaiben. Denn mit de Kaschuben kann man nich kaine Umzüge machen, die missen immer dablaiben und Koppchen hinhalten, damit de anderen drauftäppern können, weil unserains nich richtig polnisch is und nich richtig deitsch jenug, und wenn man Kaschub is, das raicht weder de Deitschen noch de Pollacken. De wollen es immer genau haben!«

Keltische Sprachen

Die keltischen gehören zu den →indoeuropäischen Sprachen und tauchen erstmals um 500 v. Chr. im südlichen Europa auf. Die Kelten verbreiteten sich über ganz Europa, von Kleinasien (Galater) bis zu den Britischen Inseln. Man unterscheidet zwischen Festlands- und Inselkeltisch. Fast alles, was wir über das Keltische wissen, gründet sich auf das Inselkeltische (zu dem auch das Bretonische zählt). Von den festlandskeltischen Sprachen wie Gallisch oder Keltiberisch ist bis auf ein paar Namen kaum etwas erhalten, die Gallier haben mit dem römischen Lebensstil auch die lateinische Sprache angenommen. Allerdings haben sich sehr lange im Nordwesten, nämlich in der Aremorica, keltische Sprachinseln gehalten. Was war da noch? »Wir befinden uns im Jahr 50 v. Chr. Ganz Gallien ist von den Römern besetzt ... Ganz Gallien?« Offenbar haben Albert Uderzo und René Goscinny nicht ohne guten Grund gerade diese Gegend als Handlungsort von *Asterix* gewählt. Die seltsame Zwanziger-Zählweise der Franzosen von 70 an aufwärts, die in keiner anderen romanischen Sprache vorkommt, geht wohl auch auf die Kelten zurück: 70 = soixante-dix (»sechzig-zehn«), 80 = quatre-vingts (»vier Zwanziger«), 90 = quatre-vingts-dix (»vier-Zwanziger-zehn«). Die Belgier sagen für 70 *septante,* für 80 *octante,* für 90 *nonante.*

Was das Inselkeltische betrifft, hat es wohl zwei Einwanderungswellen gegeben, die erste im 4. Jahrhundert v. Chr. wird als Goidelisch (oder Gälisch) bezeichnet und gelangte nach Schottland und auf die Isle of Man, die andere, die man Britannisch oder Britisch nennt, hat sich über Wales und Südengland ausgebreitet. Die Angelsachsen haben ab dem 5. Jahrhundert n. Chr. die goidelischen Völker an die nördlichen und westlichen Ränder Britanniens gedrängt; südenglische Kelten siedelten sich zur gleichen Zeit in der Bretagne an und entwickelten ihre eigene Sprache, die wohl bis ins 15. Jahrhundert hinein dem Kornischen sehr ähnlich geblieben ist. Die goidelischen Völker in Schottland, Irland und der Isle of Man bildeten eigene Dialekte aus, aus denen schnell aufgrund der räumlichen Trennung eigene Sprachen wurden.

Obwohl die keltischen Sprachen in den letzten Jahrhunderten immer mehr an den Rand gedrängt wurden, haben sie sich andererseits auch verbreitet. 1864 siedelte eine Kolonie von 150 Walisern in Patagonien und konnte zu Beginn des 20. Jahrhunderts immerhin 3.000 Sprecher aufweisen. Heute ist das patagonische Walisisch allerdings unter dem Einfluss des Spanischen so gut wie verschwunden, ebenso wie das Gälische der Kap-Breton-Inseln vor Neuschottland, wo sich bereits im 18. Jahrhundert Iren niedergelassen hatten, das in den 30er-Jahren des 20. Jahrhunderts immerhin 30.000 Sprecher hatte.

Khipu-Schnüre

Die Sprache der Inka, das klassische →Quechua, war zugleich die →Lingua franca ihres Reiches (zwischen ungefähr 1200 und 1532), das vom Norden Ecuadors bis tief nach Chile hinein reichte. Historische Ereignisse und Mythen haben die Inka in Bildern auf Holztafeln oder Textilien festgehalten. Davon ist nicht viel erhalten. Die Inka benutzten keine Schrift, wohl aber ein mnemotechnisches System aus Schnüren, die Khipu-Schnurtechnik (»khipu« = Knoten). Lange glaubte man, das komplizierte System von Knoten diente allein als Gedächtnisstütze für Steuerberechnungen, Warenlisten und so weiter. Inzwischen wissen wir, dass auch Rechtstexte, historische Begebenheiten und religiöse Zeremonien mithilfe der Schnurtechnik notiert wurden. Bemerkenswert daran ist, dass es sich um eine Symboltechnik in Verbindung mit Sprache handelt, die mit Schrift oder Schriftkultur nichts zu tun hat. Zahlenwerte wurden durch Anzahl und Position von Knoten auf einzelnen Schnüren und durch in Gruppen zusammengefasste Schnüre angezeigt. Auf diese Weise wurde nicht nur ein Ergebnis, sondern der Rechenvorgang selbst dargestellt und nachprüfbar gemacht. Die Farbe der Schnüre zeigt, um welchen Zusammenhang es sich handelte: Weiße Schnüre bedeuteten, dass es um Geld oder nichtmilitärische Daten ging, Gelb, Gold oder Rot standen für militärische Dinge. Allerdings konnten wohl auch die Inka auf eine mündliche Erläuterung des Inhalts nicht völlig verzichten. Dafür war ein Beamter zuständig, der *quipucamayoc,* der »Wächter der Knoten«, den es in jedem Dorf gab. Den Sinn der Inka-Schnüre heute zu entziffern, ist ein schwieriges Unterfangen. Es gelang aber, weil in Bolivien und Peru die Indios heute noch eine ähnliche Technik benutzen, die *chimpu* heißt.

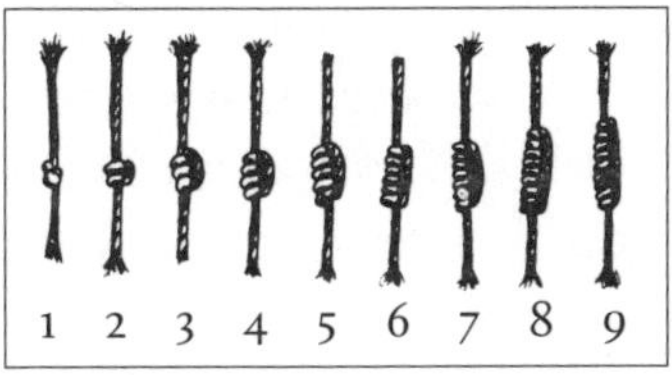

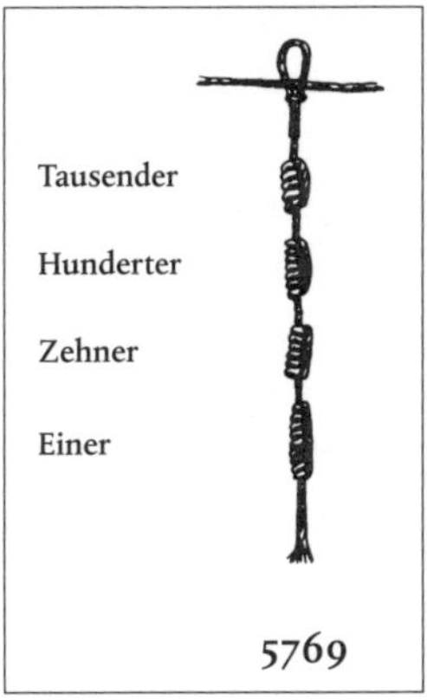

KLINGONISCH

Eigenbezeichnung: *tlhIngan*

Auf dem Planeten Qo'noS existierten bis zur Gründung des Klingonen-Imperiums durch den mythischen Kahless verschiedene Volksgruppen mit unterschiedlichen Sprachen.

Im Zuge der Einigung bildete sich das *tlhIngan Hol* als Hochsprache heraus. Altertümliche Formen des Klingonischen werden als *no'Hol* (»Sprache der Vorfahren«) bezeichnet und leben im rituellen Bereich, Liedern und vor allem der klingonischen Oper weiter, werden aber von den heutigen Klingonen nicht mehr verstanden. Die Standardsprache richtet sich nach dem Dialekt des jeweiligen Herrschers (»ta'« = Imperator), der sich aufgrund des traditionell häufigen Machtwechsels im Klingonenreich oft ändert. Daneben gilt der Dialekt der Hauptstadt als Standardsprache. Seit der Begegnung mit der Besatzung des terrestrischen Raumschiffs *Enterprise* sind klingonische Gelehrte bestrebt, die »Originale« beispielsweise der Werke William Shakespeares zu rekonstruieren. Für *Viel Lärm um Nichts* (klingonisch: *paghmo, tIn mIS*) und *Hamlet (Qo'noS ta, puq, *Hamlet* lotlut)* ist das bereits erfolgt. Auch einige Sonette Shakespeares sind wieder im Original zugänglich. Ebenso gibt es das Gilgamesch-Epos (→Sumerisch) wieder auf Klingonisch.

In Wahrheit handelt es sich beim Klingonischen um eine konstruierte Sprache, die der Linguist Marc Okrand 1984 eigens für die *Star-Trek*-Produktionen entwickelt hat. Okrand ist eigentlich Spezialist für Indianersprachen; den Laut »tlh«, mit dem auch der Name der Klingonen, *tlhIngan*, beginnt, hat er beispielsweise dem Náhuatl entnommen. Inzwischen gibt es ein Klingonisches Wörterbuch, Sprachkurse in Klingonisch, Google und Wikipedia sind auf Klingonisch verfügbar. Seit 1992 bietet das *Klingon Language Instituret* allen, die sich für klingonische Kultur und Sprache interessieren, die Möglichkeit der Weiterbildung und des Austauschs.

Einige wichtige Sätze auf Klingonisch:

tlhIngan Hol Dajatlh'a' – Sprechen Sie Klingonisch?
quSDaQ ba'lu''a' – Ist dieser Platz noch frei?
nuqDaq 'oH puchpa''e'? – Wo ist die Toilette?
'oy' DaSIQjaj! – Mögest du den Schmerz ertragen! (Trinkspruch)
IwlIj jachjaj – Möge dein Blut schreien! (Trinkspruch)

Koprolalie

Die medizinische Bezeichnung leitet sich vom griechischen »kópros« (= Kot) und »laló« (= reden) ab und beschreibt, wie es in Uwe Henrik Peters' *Wörterbuch der Psychiatrie und medizinischen Psychologie* heißt, die »fortgesetzte Neigung, beim Sprechen Ausdrücke und Bilder der Verdauungsvorgänge zu verwenden«, also den zwanghaften Gebrauch von Fäkalsprache. Beim Tourette-Syndrom, einer neuropsychiatrischen Erkrankung, die sich vor allem durch verschiedene Tics bemerkbar macht, kann der Betroffene auch, ohne es selbst zu wollen, unvermittelt obszöne Wörter in regelrechten Salven von sich geben. Sehr bewusst dagegen wird Koprolalie in der pornographischen Literatur eingesetzt, wie jeder Leser der Romane Henry Millers weiß.

Kreolsprachen

Siehe: Pidgins und Kreolsprachen

Küchendeutsch (Englisch: »Namibian Black German« oder NBG)

Wie →Unserdeutsch ist das sogenannte Küchendeutsch eine Deutsch-basierte Kreolsprache, die noch von ungefähr 15.000 Menschen in Namibia, dem früheren Deutsch-Südwest, gesprochen wird.

Beispiele:

Lange nicht sehen = Lange nicht gesehen
Was Apfel kosten? = Was kostet der Apfel?
Spät Uhr = zu später Zeit

Küchenlatein

Küchenlatein *(latinitas culinaria)* ist eine polemische Bezeichnung der Humanisten für das in ihren Augen barbarische Mönchslatein des Mittelalters. Später wurde es auch als Bezeichnung für absichtlich entstellte oder falsche Verwendung lateinischer Wörter gebraucht, deren Sinn sich nur durch wörtliche Übersetzung oder beim lauten Vorlesen ergibt.

Caesar equus consilium = Caesar + Pferd + Rat = Caesar fährt Rad.

Fac animalia ad trahit = Mach + die Tiere (Türe) + zu + es zieht.

Sita usui late in ista per canes = Sieht aus wie Latein, ist aber keines.

Datis nepis pottus colonia = Dat is ne Pisspott us Colonia.

Deus pax ora una classis Romana et lege lectus unum ignis quis vir = Gott + Fried' + Küste + eine + Flotte + Römerin + und + lies! + Bett + einen + Feuer + wer + Mann = Gottfried küsste eine flotte Römerin und Liesbeth einen Feuerwehrmann.

Kurzschrift

Auch *Brachygraphie* (Kurzschrift) oder *Tachygraphie* (Schnellschrift), *Stenographie* (Engschrift)

Die Kurzschrift verwendet zum Zweck der schnelleren Niederschrift statt der normalen Buchstaben und Wörter bestimmte Abkürzungen oder Symbole, wobei sich oft ein höchst individueller Stil entwickelt. Sie wurde lange Zeit von Journalisten, Gerichtsprotokollanten und Sekretär Innen gebraucht, bis das Diktiergerät sie weitgehend verdrängt hat. Erfunden wurde die Kurzschrift bereits im Altertum. Xenophon (um 427 – um 355 v. Chr.) soll damit seine *Erinnerungen an Sokrates* festgehalten haben. Marcus Tullius Tiro (ab 53 v. Chr. Privatsekretär Ciceros) erfand eine Kurzschrift zur Niederschrift der Reden seines Herrn Cicero, die mehr als 1000 Jahre in Gebrauch blieb (Tironische Noten). Plutarch weiß zu berichten, dass bei der Senatssitzung über das Schicksal der Catilinarischen Verschwörer am 5. Dezember 63 v. Chr. die Reden erstmals in Kurzschrift aufgezeichnet wurden.

Im England des 17. Jahrhunderts erfreute sich die Kurzschrift großer Beliebtheit und spielte auch eine Rolle bei dem Versuch, eine Weltsprache zu erschaffen. Es entstanden mehrere Systeme, in der Schule wurde Kurzschrift als Fach unterrichtet. Das geheime Tagebuch des Samuel Pepys (1633–1703) umfasst über 3.000 Seiten in der Kurzschrift, die der englische *Don-Quichotte*-Übersetzer Thomas Shelton erfunden hatte. Es besteht aus verkürzten Formen von Buchstaben, Punkten, Abkürzungen und Hunderten von mehr oder weniger willkürlich gewählten Symbolen (beispielsweise 2 für »to«, 5 für »because«). Erst zu Beginn des 19. Jahrhunderts gelang eine Entschlüsselung. Im deutschsprachigen Raum wurden im 19. Jahrhundert zwei Systeme gebräuchlich – das des bayerischen Kanzleibeamten Franz Xaver Gabelsberger (1789–1869) und das Heinrich August Wilhelm Stolzes (1798–1867), dessen Entwicklungen auf Gabelsberger beruhen. 1924 kam die Einheitskurzschrift zustande, die nach nochmaliger Vereinfachung (1936) bis heute gelehrt wird. 1906 erfand der Gerichtsreporter W. S. Ireland die Stenographiermaschine, die hauptsächlich zur Protokollierung von Gerichtsverhandlungen dient.

Kyrillisches Alphabet

Im 9. Jahrhundert brachen die griechischen Brüder Methodios (gestorben 885) und Konstantinos (827–869), der später *Kyrillos* hieß, in das slawische Siedlungsgebiet (das damals bis in die Umgebung ihrer Heimatstadt Thessaloniki reichte) auf Missionsreise auf. Ihr Weg führte sie bis nach Mähren, wo sie Teile der Bibel und kirchliche Schriften in eine Sprache übersetzten, die *Altkirchenslawisch* genannt wird. Es war der südslawische, dem Makedonischen verwandte Dialekt, den die »Slawenapostel« Methodios und Kyrillos aus ihrer Heimat kannten. Im frühen Mittelalter war das slawische Sprachgebiet, das sich immerhin von der Ostsee bis an die Adria und Nordgriechenland erstreckte, noch nicht sehr stark dialektal differenziert, sodass sich die Slawen in Kroatien, Serbien oder auch Mähren offenbar ohne weiteres miteinander verständigen konnten.

Die nach ihm benannte Schrift hat Kyrill jedoch nicht erfunden, dafür eine andere: die *glagolitische*. Welches Vorbild sie hat, ist nicht ganz klar. Es ist spekuliert worden, dass die Glagolica Nachkomme einer slawischen Runenschrift ist. Von einem slawischen Runenalphabet ist jedoch sonst nichts überliefert, und wahrscheinlich hat es niemals existiert. Vermutlich hat Kyrill die glagolitische Schrift doch aus der griechischen Minuskelschrift entwickelt; allerdings kommen auch Buchstaben vor, die nichtgriechischen Alphabeten entnommen sind. Die älteste slawische Schrift ist nicht lange in Gebrauch gewesen, sie wurde bereits ab dem 10. Jahrhundert durch die kyrillische Schrift ersetzt. Nur in Kroatien hat sie sich in der Liturgie noch bis in die Neuzeit gehalten.

Der Erfinder der kyrillischen Schrift war wohl ein Schüler des Kyrill, Kliment von Ochrid (um 840–916) – obwohl auch das nicht ganz feststeht. Schon auf den ersten Blick lässt sich die Herkunft des kyrillischen aus dem griechischen Alphabet erkennen; einige Zeichen sind auch noch aus der Glagolica übernommen.

Die Kyrillica ist sehr lange nur zur Schreibung slawischer Sprachen gebraucht worden. Russisch, Ukrainisch, Bulgarisch und Serbisch werden (mit unterschiedlichen Sonderzeichen und Varianten) in der kyrillischen Schrift geschrieben, bis 1868 (als eine nichtslawische Sprache) auch das Rumänische. In Bessarabien, dem heutigen Moldawien, wurde das Moldau-Rumänische zeitweise in lateinischer oder kyrillischer Schrift geschrieben, seit 1989 wieder in lateinischem Alphabet.

1918 hatte Lenin geplant, die Lateinschrift als Symbol einer modernen Gesellschaft im Osten der neugegründeten Sowjetunion zu verbreiten, selbst das Russische, Weißrussische und Ukrainische sollte mit dem lateinischen Alphabet geschrieben werden. Tatsächlich wurde es für 18 Turksprachen zwischen 1925 und 1938 verwendet. Ende der 30er-Jahre bereitete Stalin dieser Entwicklung ein Ende und ließ wieder auf die Kyrillica umstellen.

Nachdem 1941 in der Mongolei die lateinische Schrift eingeführt, sich aber für die Lautung der mongolischen Sprache als völlig ungeeignet erwiesen hatte und schon nach zwei Monaten wieder abgesetzt worden war, hatte sich die kommunistische Regierung der Mongolei – auch um die Zusammenarbeit mit der Sowjetunion zu erleichtern – für die Kyrillica (mit zwei zusätzlichen Zeichen) entschieden, die 1946 eingeführt wurde und bis heute für das Mongolische benutzt wird.

Name	Zeichen	Wert	Name	Zeichen	Wert
Az	А а	a	*Khěr*	Х х	x
Buki	Б б	b	*Ó*	Ѡ ѡ	ō
Vědi	В в	v	*Tsi*	Ц ц	ts
Glagol'	Г г	g	*Tšerv'*	Ч ч	tš
Dobro	Д д	d	*Ša*	Ш ш	š
Est'	Є є	e	*Šta*	Щ щ	št
Živěte	Ж ж	z	*Jer*	Ъ ъ	ŭ
Zělo	Ѕ ѕ	dz	*Jery*	Ъı ъı	į
Zemlja	З з	z	*Jerek*	Ь ь	ĭ
Iže	И и	i (yi)	*Jery*	Ы ы	į
I	І і	i	*Jet'*	Ѣ ѣ	ē
Kako	К к	k	*Ja*	Ꙗ ꙗ	ya
Ljudi	Л л	l	*Ju*	Ю ю	yu
Myslite	М м	m	*Je*	Ѥ ѥ	ye
Naš	Н н	n	*Ęs*	Ѧ ѧ	ẽ
On	О о	o	*Ąs*	Ѫ ѫ	õ
Pokoj	П п	p	*Jęs*	Ѩ ѩ	yẽ
Rci	Р р	r	*Jąs*	Ѭ ѭ	yõ
Slovo	С с	s	*Ksi*	Ѯ ѯ	ks
Tverdo	Т т	t	*Psi*	Ѱ ѱ	ps
Uk	Ѹ ѹ	u	*Thita*	Ѳ ѳ	o
Fert	Ф ф	f	*Ižika*	Ѵ ѵ	ü

Lachoudisch

Im mittelfränkischen Schopfloch, zwischen Feuchtwangen und Dinkelsbühl, wird noch heute von einigen älteren Leuten das Lachoudische (aus »loschen« = Sprache und »hakodesch« = heilig), eine Mischsprache aus Hebräisch, Jiddisch und fränkischem Dialekt, gesprochen. Das Lachoudische ist aus einer engen Symbiose zwischen der einheimische Bevölkerung und jüdischen Viehhändlern entstanden, die sich auf den fränkischen Märkten, zu denen den Juden der Zutritt verboten war oder die an einem Sonnabend, also am heiligen Sabbat, stattfanden, durch christliche Agenten, die *Schmuser*, vertreten ließen. Die Schmuser waren meistens Metzger, die etwas vom Vieh verstanden. Lachoudisch ist also in erster Linie eine Händlersprache gewesen, die aber natürlich auch die Vorteile einer Geheimsprache bot.

Ein Sprachbeispiel:

»Anie hob aufm Markt für dich g'hannicht. Bore und kaserem worn bsoli. Aber die schore, die worn jackres. So hob i g'hannicht: bejs kasserem und echode bore. Die kasserem für olf schuck und jusgimmel pschiedem es littre und die bore für olf schuck und kaffbejs pschiedem es littre.«

(»Ich habe auf dem Markt für dich gehandelt. Kuh und Schwein waren billig. Aber die Ochsen, die waren teuer. Also habe ich gehandelt: Zwei Schweine und eine Kuh. Die Schweine für eine Mark und dreizehn Pfennig das Pfund und die Kuh für eine Mark und zweiundzwanzig Pfennig das Pfund.«)

Latein

Ohne Übertreibung lässt sich das Lateinische als erfolgreichste Kultursprache überhaupt bezeichnen. Keine andere Sprache hat einen derartig starken und nachhaltigen Einfluss auf andere Sprachen und Kulturen ausgeübt. Dies geschah nicht allein zur Zeit des Imperium Romanum, sondern vor allem auch später durch die Vermittlung europäischer Sprachen, die entweder unmittelbar aus dem Lateinischen selbst hervorgegangen sind (Französisch, Italienisch, Spanisch, Portugiesisch) oder, wie das Englische, dessen Wortschatz immerhin zu mehr als der Hälfte aus lateinischen Elementen besteht, stark beeinflusst wurden. Vor allem spielt das Lateinische als Vermittlerin des antiken Kulturguts eine entscheidende Rolle für die westeuropäische Zivilisation; griechische Philosophie, Mythologie, Literatur sind im Wesentlichen durch das Lateinische in die westliche Welt gekommen.

Eine besondere Erfolgsgeschichte kann die lateinische Schrift für sich verbuchten. Die Schrift, die das Volk der

Latiner irgendwann zwischen dem 6. und 3. Jahrhundert vor Christus von den Etruskern (→Etruskisch) übernommen hatte, ist das erfolgreichste Alphabet aller Zeiten und wird heute (in verschiedenen Varianten) für Hunderte von Sprachen benutzt, darunter das Maori auf Neuseeland, das mit einem Minimum an Zeichen auskommt, oder das Samische mit seiner äußerst komplizierten Lautstruktur. Auch das grönländische →Eskimo, das Vietnamesische, →Quechua, das Swahili im Südosten Afrikas oder das Hawaiische werden in lateinischer Schrift geschrieben.

Latein war mehr als anderthalbtausend Jahre die führende Sprache der Welt. Dieser Erfolg verdankte sich selbstverständlich zunächst der militärischen Stärke Roms, aber mehr noch den geistigen Leistungen der Römer: vor allem dem Recht, das immer an das Lateinische gebunden blieb. Und der Literatur: Die römischen Dichter haben es geschafft, die kulturell weit überlegenen Griechen in einer Weise nachzuahmen, dass die lateinische der griechischen Literatur ebenbürtig wurde. Die Werke der Dichter Catull, Vergil, Horaz, Ovid, die Prosa Sallusts, Livius' und Ciceros sind in einem fast buchstäblichen Sinne unsterblich – und sie sind in diesem Bewusstsein geschaffen worden. »Exegi monumentum aere perennius«, sagt Horaz über seine Dichtung: »Ich habe ein Denkmal errichtet, dauerhafter als Erz.« Horaz hatte recht: Während Rom schon lange untergegangen ist, werden seine Verse noch heute in deutschen Klassenzimmern gepaukt (das soll jedenfalls noch vorkommen).

Diese Klassizität der römischen Literatur und der lateinischen Sprache ist aber zwiespältig. Das Lateinische hatte mit der Dichtung der augusteischen Zeit ein Niveau erreicht, das schlechterdings – jedenfalls empfanden das Gelehrte und

Dichter späterer Zeiten so – nicht mehr übertroffen werden konnte. Die Sprache erstarrte in gewisser Weise: Latein war fortan gleichbedeutend mit der Sprache Vergils und Ciceros. Zugleich scheint aber gerade diese Erstarrung verantwortlich dafür zu sein, dass das Lateinische sich bis in die Neuzeit hinein als führende Weltsprache (in Kirche, Wissenschaft und Diplomatie) behaupten konnte.

So richtig abwärts ging es mit dem Lateinischen – nach einigen späten Höhepunkten wie den Werken Erasmus' von Rotterdam (1465–1536) und anderen Humanisten oder neulateinischer Dichter wie die des »deutschen Horaz« Jacobus Balde (1604–1668) – aber erst, als ein gewisser Christian Thomasius (1655–1728) im Jahre 1688 an der Universität Halle erstmals seine Vorlesungen auf Deutsch hielt. »Die Weltweißheit ist so leichte«, meinte Thomasius, »daß dieselbige von allen Leuten [...] begriffen werden kann.« In der Tat haben ihm seine deutschen Schriften einen breiten Leserkreis beschert. Aber Latein war nicht mehr angesagt. Um die Geschichte abzukürzen: Latein musste in der Folge nach und nach als Sprache der Wissenschaft abdanken und ist vollständig durch das Englische verdrängt.

Und heute? Als ausgestorbene Sprache kann das Lateinische, wenn überhaupt, auch heute nur bedingt gelten. Erstens lebt es in den romanischen Sprachen weiter, unter denen sich mit dem Französischen, Spanischen und Portugiesischen gleich drei →Weltsprachen befinden. Zweitens ist es als Geschäftssprache der römisch-katholischen Kirche und Amtssprache des Vatikan (neben Italienisch) noch immer in Gebrauch (übrigens erweist sich das so oft als brillant gepriesene Latein Benedikts XVI. bei genauerer Betrachtung als erstaunlich fehlerhaft). Drittens gibt es eine gar nicht so unbedeutende Bewegung, die ein lebendiges Latein pflegt und befördert. Es gibt Vereine, die lateinische Konversation treiben, lateinische Zeitschriften *(Vox Latina, Melissa, Latinitas)*, vor allem profitiert das Lateinische vom Internet, in dem sich alle möglichen – skurrile und hochseriöse – Liebhaber tummeln. Um den Titel eines wunderbaren Buches des Münchner Latinisten Wilfried Stroh zu zitieren: »Latein ist tot, es lebe Latein!«

Legasthenie

Als Legasthenie bezeichnet man eine Störung des Erwerbs der Schriftsprache; Legastheniker haben Probleme mit der Umsetzung der gesprochenen in die geschriebene Sprache (»Lese-Rechtschreib-Schwierigkeit«). Mit Minderbegabung oder schlechtem Unterricht hat die Legasthenie nichts zu tun. Es wird angenommen, dass sie genetisch bedingt ist oder mit Schwierigkeiten bei der auditiven oder visuellen Wahrnehmungsverarbeitung zusammenhängt. Meist dürfte eine Kombination mehrerer Faktoren vorliegen. Der Bundesverband Legasthenie und Dyskalkulie (Rechenschwäche) meint, dass in Deutschland 4 Prozent aller Schüler unter Legasthenie leiden. Je früher das Problem erkannt wird, desto besser kann es kompensiert werden. Lange sind Legastheniker als dumm oder faul stigmatisiert worden, und ihnen wurde eine höhere Schulbildung versagt. 1999 erließ der Freistaat Bayern als erstes Bundesland den »Legasthenieerlass« und räumte Schülern mit diagnostizierter Lese-Rechtschreibstörung weitreichende Rechte ein, darunter Zeitzuschläge von bis zu 10 Prozent und Notenschutz bei schriftlichen Arbeiten. Inzwischen existieren in allen Bundesländern ähnliche Regelungen.

Berühmte Legastheniker (oder Menschen, von denen angenommen wird, dass sie es waren oder sind):
Hans Christian Andersen * George W. Bush * Agatha Christie * Tom Cruise * Charles Darwin * Walt Disney * Thomas Edison * Albert Einstein * Jürgen Fliege * Whoopi Goldberg * Johannes Gutenberg * Steven Hawkins * Ernest Hemingway * Alfred Hitchcock * Dustin Hoffman * John Irving * Michael Jackson * Nigel Kennedy * Diego Maradona * François Mitterrand * Napoleon Bonaparte * Auguste Rodin * Franklin D. Roosevelt * Steven Spielberg * Kronprinzessin Victoria von Schweden.

Dass in der Liste verhältnismäßig viele Amerikaner vorkommen, belegt nur, dass es in den USA offenbar leichter fällt, sich als Legastheniker erkennen zu geben als bei uns.

Leipogramm

Leipogramme sind Texte, in denen ein bestimmter Buchstabe nicht vorkommt – oder besser: absichtlich fehlt. Sie sind in vielen Hochkulturen, beispielsweise in der klassischen persischen Literatur, in Mode gewesen. Der griechische Dichter Tryphiodoros von Ägypten schrieb im 5. Jahrhundert v. Chr. eine (leider verloren gegangene) leipogrammatische Bearbeitung der Odyssee, in der in jedem Gesang ein anderer Buchstabe des Alphabets fehlte. Der christliche Schriftsteller Fulgentius verfasste im 5. Jahrhundert v. Chr.

eine leipogrammatische Weltgeschichte *De aetatibus mundi et hominis,* eine christliche Historie vom Anbeginn der Welt, in der in jedem Kapitel fortschreitend (progressiv leipogrammatisch) ein Buchstabe des Alphabets fehlt. Das Barock war eine Hochzeit der Leipogrammatik. In Georg Philipp Harsdörffers (1607–1658) *Frauen-Zimmer-Gesprächsspielen* (1644–1657) kommen Erzählungen ohne die Buchstaben M und L vor, und in Christian Weises (1642–1708) *Die drei ärgsten Erznarren der ganzen Welt* (1672) gibt es eine R-lose Rede für einen verliebten Mann, der das R nicht aussprechen kann. Georges Perec (1936–1982) veröffentlichte 1969 den Roman *La Disparition,* in dem kein E vorkommt. Der deutsche Titel – in der Übersetzung des kongenialen, selbst als leipogrammatischer Romancier in Erscheinung getretenen Eugen Helmlé (1927–2000) – lautet: *Anton Voyls Fortgang.* Der Anfang geht so: »Voyl haust (doch das war mal) fast lichtlos, da Opalglas im Raum das Licht stark abhält.« Ernest Vincent Wright kam schon 1939 in seinem Roman *Gadsby* ebenfalls ganz ohne E aus.

Als berühmtestes deutschsprachiges leipogrammatisches Gedicht gilt Ernst Jandls *Ottos Mops* (→Univokalismus). Unbestrittene Meister der Leipogrammatik sind aber die Poeten des anatolischen Hochlandes, die Asiks genannten Volkssänger oder Troubadoure, deren CDs und Kassetten in der Türkei regelrechte Bestseller sind. Leipogrammatik heißt bei ihnen *Dudak degmez.* Sie dichten Leipogramme, bei denen es verboten ist, Labiale (Laute, die mit den Lippen gebildet werden, also b, p, m) zu verwenden. In Konya findet ein alljährlicher Dudak-degmez-Wettstreit in nicht weniger als zwölf Disziplinen statt. Die Teilnehmer müssen sich eine Nadel zwischen den Lippen platzieren, um ja keine Labiale zu verwenden. Die Asiks von Erzurum gelten als die kunstfertigsten Leipogrammatker.

LINGUA FRANCA

Lingua franca wurde ein →Pidgin genannt, das im späten Mittelalter im Mittelmeerraum unter Europäern, Türken und Arabern in Gebrauch war. Sie ist immer eine sekundäre (Handels- und Verkehrs-)Sprache geblieben und hat sich nie zu einer →Kreolsprache entwickelt. Obwohl sie auf norditalienischen Dialekten basierte – die Genuesen und Veneianer unterhielten Stützpunkte im gesamten Mittel- und Schwarzmeerraum –, wurde sie *Lingua franca* (»Fränkische Sprache«, arabisch: »Al lugha allfrajiyya«) genannt, weil für Araber und Byzantiner alle Europäer »Franken« waren. Die Lingua franca wurde noch bis in das 19. Jahrhundert hinein in Algier gesprochen *(langue sabir)*, dann aber zunehmend französisiert. Heute bezeichnet der Begriff allgemein eine Verkehrssprache. Demgemäß war das →Griechische eine Lingua franca des östlichen Mittelmeeres und des Nahen Ostens. Im Mittelalter und weit darüber hinaus spielte in Europa das →Lateinische diese Rolle, in Ostafrika das Swahili. Als globale Lingua franca fungiert heute das Englische.

M

Markennamen

8x4: Weil »Hexachlor-Dihidroxi-Diphenylmethan« als Markenname eher ungeeignet schien, hat Beiersdorf Anfang der 50er-Jahre die 32 Buchstaben des Namens in 8x4 aufgelöst.

4711: Im Jahre 1803 kaufte ein gewisser Wilhelm Mühlens einem Herrn Farina aus Italien das Recht ab, seinen Namen als Firmennamen zu führen. Nicht ganz ohne Hintergedanken: Das berühmte Kölnisch-Wasser wurde von einer Kölner Familie Farina vertrieben, von deren gutem Klang Mühlens zu profitieren gedachte. Nach jahrzehntelangem Hin und Her musste der Enkel Ferdinand Mühlens den Firmennamen »Franz Maria Farina« endgültig aufgeben. Daraufhin wählte er einfach die Nummer seines Hauses in der Glockengasse, eben jene 4711, zum Markennamen (»Echt Kölnischwasser«). 1794 waren die Häuser der Stadt Köln durchnummeriert worden, doch bereits 1811 wurde die durchlaufende durch eine straßenweise

Nummerierung ersetzt. Das Haus in der Glockengasse war jetzt die Nummer 12.

adidas: Der Name des heute zweitgrößten Sportartikelherstellers der Welt verdankt sich seinem Gründer, dem bis 1945 bekennenden Nationalsozialisten Adolf »**Adi**« **Dassler** (1900–1978). 1954 versorgte Dassler die siegreiche deutsche Fußballmannschaft bei der WM mit den legendären Stollenschuhen. Ursprünglich war auch Adis Bruder Rudolf mit von der Partie, aber weil die beiden sich hassten wie die Pest, gründete Rudolf 1948 seine eigene Firma. Zunächst sollte sie »Ruda« heißen, davon ist man aber sehr schnell abgekommen. Der neue Sportbekleidungshersteller hieß dann »Puma Schuhfabrik Rudolf Dassler«.

AGFA: Der Name für die Kamerafilme geht auf die 1910 in Wolfen gegründete »Actien-Gesellschaft für Anilinfabrikation« zurück.

Audi: Als der Autohersteller August Horch (1868–1951) aus dem von ihm gegründeten und nach ihm benannten Unternehmen ausstieg, übersetzte er bei seiner Neugründung kurzerhand seinen Namen ins Lateinische, um Probleme mit dem Namensrecht zu umgehen. »Audi« ist der Imperativ von audire (»hören«) und bedeutet also tatsächlich »horch!«.

Häagen Dazs: Als der 1959 in die USA eingewanderte Pole Reuben Mattus (1913–1994) das späterhin berühmte Eis herstellte, erfand seine Frau den irgendwie skandinavisch-deutsch, also frisch und qualitätsvoll klingenden Fantasienamen. Ein früher Fall des »Foreign branding« (»Fremdmarkenprägung« = Bemühen eines Unternehmens, einen Produktnamen ausländisch klingen zu lassen). In früheren Jahren zierte das Markenlogo zusätzlich der Umriss der Landkarte Dänemarks – was nicht alle Amerikaner auf den ersten Blick erkannt haben dürften.

IKEA: Firmengründer und Chef Ingvar Kamprad (geboren 1926) hat einfach die Initialen seines Namens und die seines Herkunftsortes Eltaryd bei Agunnaryd aneinandergereiht. Bei der Namensfindung für seine Produkte hat er es sich bekanntlich nicht so leicht gemacht. Die Badezimmerartikel tragen zum Beispiel die Namen skandinavischer Seen, Flüsse oder Meeresbuchten, Teppiche dänische Ortsnamen. Im Einzelnen informiert darüber Dr. Ankowitschs hervorragendes *Kleines Konversationslexikon* (Eichborn), S. 90.

Melitta: Die Dresdner Hausfrau Melitta Bentz (1873–1950) erfand die Filtertüten bereits 1907. Das erste Modell bestand aus einem Löschblatt ihres Sohnes und einem durchlöcherten Messingtopf. Die Erfindung kam an. Am 8. Juli 1908 erteilte das kaiserliche Patentamt Gebrauchsmusterschutz; ein paar Monate darauf wurde das Unternehmen mit 73 Pfennig Eigenkapital in das Handelsregister eingetragen.

Milka: Philippe Suchard nannte 1825 seine Schokolade einfach nach ihren Bestandteilen: **Mil**ch und **Ka**kao.

Nivea: Die Creme ist bereits 1911 auf den Markt gekommen und leitet sich vom lateinischen Adjektiv »niveus« = schneeweiß ab.

Odol: Der Name des Mundwassers ist eine merkwürdige Kreuzung aus dem griechischen Wort für Zahn »odoús« und dem lateinischen »oleum« (= Öl).

Persil: Das bekannte Waschmittel des Henkel-Konzerns ist nach seinen Hauptbestandteilen Perborat (Bleichmittel) und Silikat (Schmutzlöser) benannt. Zwar gibt es Persil schon seit 1907, als Markenname durfte es aber erst 1917 eingetragen werden. Es gab Probleme, weil »persil« in der Sprache des französischen Erbfeindes *Petersilie* heißt. Bis 1968 stellte das Henkel-Werk Genthin für die DDR ebenfalls ein Waschmittel namens Persil her. Aber schon mit der Einführung von Milwa (**Mil**des **Wa**schmittel) verlor die Marke an Bedeutung. Ab 1968 wurde sie durch Spee (**Spe**zial-Entwicklung) ersetzt, das zum meistverkauften Waschmittel der DDR wurde.

Puma: siehe **adidas**

Swatch: Die Schweizer Uhrenhersteller nannten ihre Uhren »Swiss Watch«, kurz: *Swatch.*

Tchibo: Der Name des Kaffeerösters leitet sich im ersten Teil von seinem Gründer Carl Tchilling-Hiryan ab, das »bo« kommt von Bohne.

Vileda: Die etwas eigenwillige Schreibung soll andeuten, dass die Putztücher des Weinheimer Unternehmens tatsächlich so gut sind »wie Leder«.

Mittelerde

J. R. R. Tolkien (1892–1973) war nicht nur Schriftsteller, sondern auch Professor für Angelsächsisch an der Universität Oxford. Vor allem in den alten germanischen Sprachen Angelsächsisch (natürlich), Altisländisch und Gotisch kannte er sich aus, aber auch im Altfinnischen. Sein Wissen kam ihm bei der Ausgestaltung seiner Erzählwelt Mittelerde zugute.

Eine wichtige Rolle spielen hier die Elbensprachen, die in verschiedenen Dialekten gesprochen werden: *Quenya* war die Sprache derjenigen Elben, die vor Urzeiten nach Valinor gingen (einige von ihnen kehrten später nach Mittelerde zurück), und ähnelt klanglich und in der Grammatik dem Finnischen (10 Kasus, 4 Numeri, 5 Tempora), das Vokabular hat Tolkien aber frei erfunden. Im Dritten Zeitalter, in dem auch die Trilogie *Der Herr der Ringe* spielt, verwenden die Elben Quenya, das auch als *Hochelbisch* bezeichnet wird, nur noch als Sakral- und Bildungssprache. Im Alltag sprechen sie *Sindarin*, das sich nicht direkt vom Hochelbischen herleitet. Hier hat sich Tolkien hauptsächlich vom Walisischen, das er sehr liebte, inspirieren lassen.

Neben Elbisch werden in Mittelerde noch zahlreiche andere Sprachen gesprochen. Die Menschen Númenors sprachen *Adûnaic*, das sich von Quenya ableitet. Im Dritten Zeitalter war aber *Westron* die allgemeine Verkehrssprache, im Roman ist sie entsprechend als Englisch, also der Erzählsprache, wiedergegeben. Auch die Hobbits sprechen Westron. Die Rohirrim sprechen ein dem Westron verwandtes Idiom, das Tolkien mit Altenglisch wiedergibt. Die Zwerge sprechen *Khuzdul*, eine Sprache, deren Wörter wie die semitischen Sprachen aus Wortwurzeln aus drei Konsonanten bestehen. Das, was wir von der Zwergensprache kennen, klingt sehr Hebräisch. Auch die Ents haben eine eigene Sprache, die freilich unglaublich umständlich und zeitaufwendig ist, weil, wie Baumbart im zweiten Band des *Herrn der Ringe (Die zwei Türme)* erklärt, in jeder Beschreibung einer Sache zugleich auch deren Geschichte und Wesen miterzählt wird.

Schließlich erfand der dunkle Herrscher Sauron für seine Kreaturen die sogenannte *Schwarze Sprache*, von der nur wenige Fragmente bekannt sind. Unter ihnen kommt einem eine besondere Bedeutung zu:

Ash nazg durbatulûk, ash nazg gimbatul,
ash nazg thrakatulûk, agh burzum-ishi krimpatul.

Ein Ring, sie zu knechten, sie alle zu finden,
Ins Dunkel zu treiben und ewig zu binden.

Selbstredend unterscheidet sich die Schwarze Sprache grundlegend von der Elbensprache. Es ist spekuliert worden, ob Tolkien das Hurritische, die Staatssprache des um 1000 v. Chr. untergegangenen Mitanni-Reiches, als Vorlage gedient hat, mit dem Saurons Idiom eine gewisse Ähnlichkeit aufweist.

Ob die *Orksprache* über Kraftausdrücke hinaus zur Kommunikation geeignet war, wissen wir nicht. Viele Orks haben sich im Dritten Zeitalter bereits des Westrons bedient. Bei Tolkien findet sich nur ein einziger vollständiger orkischer Satz. Der Hauptmann Grishnakh beschimpft seinen in Sarumans Diensten stehenden Konkurrenten Uglûk:

»Uglúk u bagronk sha pushdug Saruman-glob
búbhosh skai.«

Tolkien selbst scheint sich über die genaue Bedeutung nicht klar zu sein und bietet zwei Übersetzungsvarianten an:

1. **»Uglúk in die Jauchegrube, sha! Der Mist-Dreck, der große Saruman-Idiot, skai!«**
2. **»Uglúk in die Mistgrube mit dem stinkenden Saruman-Dreck, Schweinegedärm, gah!«**

Tolkien hat auch verschiedene Alphabete für seine Erzählwelt entwickelt. Die *Cirth* ähneln den germanischen →Runen, sie wurden vor allem von den Zwergen verwendet. Die *Tengwar* (Quenya: »Buchstabe«) wurde für verschiedene Sprachen verwendet, auch für Westron, Quenya und Sindarin. Für die Elbensprachen gibt es Grammatiken und Wörterbücher, und die Tolkien-Fangemeinde benutzt für ihre E-Mail-Korrespondenz teilweise Sindarin. In Peter Jacksons Verfilmung der Trilogie sprechen die Schauspieler ebenfalls kurze Dialoge auf Sindarin (von den Elbisch-Experten »Film-Elbisch« genannt). Von einer fiktiven Sprache kann also bei den Tolkienschen Sprachen, ähnlich wie im Falle des →Klingonischen, eigentlich keine Rede mehr sein.

Zum Anfang des Films spricht Galadriel (Cate Blanchett) die Worte (die eigentlich von Baumbart aus dem zweiten Roman *Die zwei Türme* stammen):

I amar prestar aen,
han mathon ne nen,
han mathon ne chae
a han noston ned
wilith

Übersetzung:
Die Welt ändert sich.
Ich spüre es im Wasser.
Ich spüre es in der Erde.
Und ich rieche es in der Luft.

Moin, moin

»Moin« (oder »moin, moin!«) wird in ganz Norddeutschland als Gruß zu jeder beliebigen Tageszeit verwendet, in wenigen Gebieten nur am Morgen. Die Herkunft ist umstritten. Die naheliegende Vermutung, »moin« bedeute »Morgen«, wird von den meisten Sprachforschern abgelehnt. Allerdings dürften die meisten Angeredeten genau das verstehen, wenn ihnen am Morgen ein »moin« entgegengebrummt wird. Tatsächlich bedeutet dann »moin« auch »Guten Morgen«. Gegen die Annahme, dass »moin« vom Niederdeutschen »moj« kommt, spricht die Tatsache, dass es als einziges Wort dieser Sprache den kurzen oi-Doppellaut aufweist. Andererseits war »moin, moin« als Grußformel bis in die 70er-Jahre nur in Ostfriesland, dem Emsland, im Oldenburgschen, im schleswig-holsteinischen Nordfriesland und in Flensburg in Gebrauch; der übliche norddeutsche Gruß lautete: »Tach!«

»Moin« könnte auch eine Verballhornung des »Morjen« (»Guten Morgen!«) sein, das die preußischen Verwaltungsbeamten in Ostfriesland verwendeten. Zu der niederdeutschen Literatur des 19. Jahrhunderts, beispielsweise bei Fritz Reuter, findet sich der Ausdruck überhaupt nicht. Interessanterweise lässt aber Arno Holz in seiner Komödie *Sozialaristokraten* von 1924 die Figur Wilhelm Werner (»Elefantenwilhelm«) mehrfach »moin« sagen (Vierter Akt: »Moin die Herren!«). Elefantenwilli spricht aber starken Berliner Dialekt. Wenn also der Gruß im Berlin der 20er-Jahre gebräuchlich gewesen ist, warum kommt er in anderen Werken dieser Zeit wie Alfred Döblins *Berlin Alexanderplatz* nicht vor? Wer weiß, wo der Elefantenwilli, der von Beruf Buchdrucker ist, den Gruß aufgeschnappt hat; an anderer Stelle sagt er auch »merßi«.

Möglicherweise stammt »moin, moin!« doch aus dem Friesischen. Es könnte aus »moi morn« entstanden sein, also: »schöner/guter Morgen« = »Guten Tag!«. Viele Ostfriesen sind davon überzeugt, dass »moin« eine zusammengezogene Form von »Moi'n Dag!« = »Schönen/guten Tag« sei. »Moi« ist ein im ostfriesischen Platt wie im nahe verwandten Niederländischen häufig und gern gebrauchtes Wort.

Fest steht, dass »moin« zunächst nur bei den Friesen üblich war, sich sehr früh im traditionell mehrsprachigen Flensburg eingebürgert und sich dann als umgangssprachliche Grußform im gesamten niederdeutschen Raum ausgebreitet hat. So erklärt sich auch, dass in nichtfriesischen plattdeutschsprachigen Gebieten wie Holstein zumindest ältere Einheimische »moin« nur als Morgengruß verstehen und sich ansonsten des traditionellen »Tach!« bedienen. Auch international hat »moin« schon Verbreitung gefunden. Vom friesischen Sprachraum, zu dem die niederländische Provinz Friesland, das niedersächsische Ostfriesland und das schleswig-holsteinische Nordfriesland gehören, strahlt es ins südliche Dänemark (Sønderjylland), wo es zur Verabschiedung benutzt wird. In Norwegen sagt man »morn«, das vielleicht schon aus dem Mittelniederdeutschen der Hansezeit stammt, und in Finnland gibt es »Moi« oder »moi moi« als stark umgangssprachliches Begrüßungswort.

Neuerdings wird neben »moin!«, besonders von Jugendlichen, die eigenartige Form »moinsen!« verwendet. Wie das gekommen ist, bleibt unklar. Denkbar ist, dass die Endung »-sen« der bei Friesen und Skandinaviern üblichen patronymischen Namensbildung (Hansen, Jensen, Petersen) entspricht und »moinsen!« als Verkleinerungs- oder Verniedlichungsform von »moin« verwendet wird analog zu: »Tach!« – »Tachchen!« (»Moinchen« klänge ja wohl reichlich albern). »Moinsen« verfügt offenbar auch über vom normalen »moin« abweichende Nuancen. Es wird wohl verwendet, wenn mehrere Leute auf einmal angeredet werden (»Moin zusammen!«), wenn das »moin« besonders betont werden soll oder wenn auf ein »moin« geantwortet wird (»Moin zurück!«).

Spätestens seit sich auch schleswig-holsteinische Ministerpräsidenten und Ministerpräsidentinnen des populären Grußes bedienen, ist »moin« bei den Eliten salonfähig geworden. Auch der Duden hat den Gruß schon aufgenommen. Im Süden Deutschlands wird er allenfalls passiv verstanden, offenbar bleiben Schwaben und Bayern lieber beim überlieferten »Grüß Gott« beziehungsweise »Servus«. Und das ist auch gut so.

N

Neandertaler

Die Frage, ob die Neandertaler sprechen konnten, ist nach wie vor umstritten und hängt auch davon ab, was man unter »sprechen« versteht. Der *Homo sapiens neanderthalensis* lebte vor ca. 400.000 bis 30.000 Jahren. Manches spricht dafür, dass er tatsächlich schon Sprache verwendet hat. Die nötigen anatomischen Voraussetzungen hat er jedenfalls besessen: Sein Sprachknochen war mit dem des modernen Menschen identisch, auch seine Gehirnmasse hat sich von derjenigen des modernen Menschen nicht wesentlich unterschieden. 1984 ist in Israel ein Neandertaler-Zungenbein gefunden worden, an dem noch Bänder hingen. Allerdings fehlt dem Neandertaler ein Vorderlappen im Gehirn, und zwar ausgerechnet mit dem Bereich, der beim Menschen für spezialisierte organisatorische und planerische Aktivitäten verantwortlich ist. Offenbar konnte der Neandertaler nicht besonders vorausschauend (strategisch) denken, seine Sprache wird daher weniger komplex als die des modernen Menschen gewesen sein. Auch war die Palette an Lauten, die er hervorbringen konnte, weniger differenziert. Aufgrund der anatomischen Gegebenheiten lassen sich für die Sprache des Neandertalers sogar die Laute rekonstruieren; wahrscheinlich beschränkten sie sich auf a und e, acht Konsonanten und einen Knacklaut. Es gibt eine moderne Sprache, die sich ebenfalls auf die Vokalopposition a : e beschränkt, das →Ubychische, das im Nordwestkaukasus gesprochen wird. Diese Sprache verfügt allerdings zum Ausgleich über nicht weniger als 82 Konsonanten.

Im Oktober 2007 berichteten Leipziger Forscher, sie hätten in Neandertalerknochen aus einer Höhle in Nordspanien das Sprachgen FoxP2 entdeckt. Die Paläoanthropologie war schon lange auf dieses Gen versessen, das einen Zusammenhang zwischen Sprachfähigkeit und Sprechfähigkeit herstellt. Dieses Sprachgen findet sich auch bei Vögeln und Schimpansen, unterscheidet sich aber von dem beim Menschen. Das FoxP2-Gen des Neandertalers ist jedoch mit dem des modernen Menschen identisch. Die Neandertaler waren also anatomisch und genetisch in der Lage, zu sprechen wie wir. Ob sie es allerdings auch wirklich getan haben, werden wir nie erfahren, denn das Tonbandgerät hatten die Neandertaler leider noch nicht erfunden.

Neuguinea

Nirgendwo auf der Welt finden sich auf so engem Raum (777.000 Quadratkilometer) so viele Sprachen wie auf Neuguinea. Bei einer Gesamtbevölkerung von ungefähr 6 Millionen Menschen werden mehr als 600 Sprachen gesprochen, weitere 100 auf den umliegenden Inseln. Im unzugänglichen Inneren Neuguineas dürfte allerdings noch so manche völlig unbekannte Sprache gesprochen werden. Man stelle sich vor: Auf dem Gebiet der alten Bundesrepublik, deren Territorium ziemlich genau einem Drittel Neuguineas entspricht, würden 200 unterschiedliche Sprachen gesprochen, alle 35 Kilometer eine andere!

Niederdeutsch

Als sich ein gewisser Mr. Gulliver nach einem Schiffbruch an den Gestaden Liliputs wieder fand, versuchte er (vergeblich) sich mit den Einwohnern zu verständigen: »Ich versuchte, mich mit ihnen in allen Sprachen, von denen ich auch nur ein Wörtchen wusste, als Hoch- und Plattdeutsch, Latein, Französisch, Spanisch, Italienisch und Lingua franca zu verständigen.« Dass das Plattdeutsche oder besser das Niederdeutsche (im Original ist von »Low German« die Rede) in diesem erlauchten Kreis auftaucht, ist kein Zufall. Zu Swifts Zeiten war es als Seemannssprache auf der ganzen Welt verbreitet. Das in Norddeutschland (und übrigens auch in Teilen der Niederlande) noch immer in verschiedenen Mundarten (→deutsche Dialekte) gesprochene Niederdeutsch kann auf eine stolze Geschichte zurückblicken. Immerhin war es (als Mittelniederdeutsch) ungefähr 1200–1600 die Verkehrssprache der mächtigen Hanse und spielte die Rolle einer →Lingua franca des Nordens; der Wortschatz der skandinavischen Sprachen (außer Isländisch) ist wesentlich vom Niederdeutschen beeinflusst, das Dänische zum Beispiel hat mindestens 1.500 Vokabeln aus dem Mittelniederdeutschen übernommen. Außerdem hat es als Schriftsprache eine reiche Literatur hervorgebracht. Mit dem Niedergang der Hanse wurde das Niederdeutsche als Kirchen- und Amtssprache mehr und mehr verdrängt und sank schließlich zu einem ländlichen Dialekt herab (»Plattdeutsch«). Bis vor einigen Jahrzehnten existierten in Bremen und Hamburg allerdings noch urbane, »vornehme« Versionen des Niederdeutschen.

Und heute?

> »Dat Plattdüütsche warrt na de Europääsche Charta vun de Regional- un Minnerheitenspraken siet 1998 as Regionalspraak in Düütschland un ok in de Nedderlannen schuult. In Düütschland warrt dat in de Bundslänner Bremen, Hamborg, Meckelnborg-Vörpommern, Neddersassen un Sleswig-Holsteen na Deel III vun de Sprakencharta schuult, in de Bundslänner Brannenborg, Noordrhen-Westfalen un Sassen-Anholt un in de Nedderlannen na Deel II.«
>
> (Artikel »Plattdüütsch« in Wikipedia Plattdüütsch).

O

ORTSNAMEN

Der längste Ortsname der Welt:
Der längste Ortsname der Welt besteht aus 85 Buchstaben und lautet: Taumata whakatangi hangakoauau o tamatea turi pukakapiki maunga horo nuku pokai whenua kitanatahu. Er bedeutet ungefähr: »Der Ort, an dem Tamatea, der Mann mit den großen Knien, der Berge hinabrutschte, emporkletterte und verschluckte, bekannt als der Landfresser, seine Flöte für seine Geliebte spielte.« Das Dorf liegt an der Hawke's Bay in Neuseeland. Das Ortseingangsschild ist 10 Meter lang. Allerdings besteht der Ort nur aus einem Haus, Taumata whakatangi hangakoauau o tamatea turi pukakapiki maunga horo nuku pokai whenua kitanatahu ist eigentlich der Name des benachbarten 305 Meter hohen Hügels. Es gibt auch die Schreibweise *Tetaumatawhakatangihangakoauotamateaurehaeaturipukapihimaungahoronukupokaiwhenuaakitanarahu*, die auch auf dem Ortsschild steht und noch ein paar Buchstaben mehr aufweist. Der zeremonielle Name der thailändischen Hauptstadt Bangkok (»Dorf im Pflaumenhain«) ist aber noch um einiges länger (und verdankt sich nicht wie im Falle Tetaumatawhakatangihangakoauotamateaurehaeaturipukapihimaungahoronukupokaiwhenuaakitanarahus einer Vermarktungsidee): Krung Thep Mahanakhon Amon Rattanakosin Ma-

hinthara Ayuthaya Mahadilok Phop Noppharat Ratchathani Burirom Udomratchaniwet Mahasathan Amon Piman Awatan Sathit Sakkathattiya Witsanukam Prasit (Die Stadt der Engel, die großartige Stadt, die Residenz des Smaragd-Buddha, die uneinnehmbare Stadt Ayuthaya, die große Hauptstadt der Welt beschenkt mit neun kostbaren Edelsteinen, die glückliche Stadt, von Reichtum überfließender und ungeheuer königlicher Palast, welcher der himmlischen Wohnstätte gleicht, wo der wiedergeborene Gott herrscht, eine Stadt geschenkt von Indra und gebaut von Vishnukarn). Die Thais sagen im Alltag aber nur Krung Thep (Stadt der Engel«).

Der längste Ortsname Europas:
Mit 58 Buchstaben verfügt ein walisisches Dorf auf der Insel Anglesey über den längsten Ortsnamen Europas: Llanfairpwllgwyngyllgogerychwyrndrobwllllantysiliogogogoch. Die Waliser selbst benutzen meist die Abkürzung Llanfairpwll. Übersetzt bedeutet der Name: »Marienkirche in einer Senke weißer Haseln in der Nähe eines schnellen Wirbels und in der Gegend der Thysiliokirche, die bei einer roten Höhle liegt«. Allerdings stammt er nicht aus keltischer Vorzeit. Ein Schuster hat sich im 19. Jahrhundert den Zungenbrecher ausgedacht, um den Ort bekannt zu machen – mit Erfolg: Sein Name hat Llanfairpwllgwyngyllgogerychwyrndrobwllllantysiliogogogoch zum bekanntesten Dorf in Wales und einem beliebten Touristenziel gemacht.

Der längste Ortsname Deutschlands:
Der längste Ortsname bringt es nur auf 26 Buchstaben. Es ist Höhenkirchen-Siegertsbrunn.

Der kürzeste Ortsname:
Eine ganze Anzahl von Orten besteht nur aus einem Vokal. Ein kleines Dorf in Frankreich heißt beispielsweise schlicht Y, auf den Lofoten gibt es einen Ort namens A.

P

Palindrom

Ein Palindrom ist eine Folge von Wörtern, Versen oder Buchstaben, die sowohl von vorne als auch von hinten gelesen werden kann. Damit verwandt ist das *Ambigramm*, ein Schriftzug (oft auch ein symmetrisches Symbol), der, um einen bestimmten Winkel (in der Regel 180°) gedreht, wieder den gleichen Schriftzug ergibt. Oft (aber nicht zwingend) handelt es sich dabei zugleich um ein Palindrom. Das Ambigramm stammt ausnahmsweise nicht aus der Antike, der Informatiker und Kognitionswissenschaftler Douglas Hofstadter (der Verfasser von *Goedel, Escher Bach, an Eternal Golden Braid*, 1979) hat die Bezeichnung 1985 zuerst gebraucht (schreibt die Erfindung allerdings einem seiner Freunde zu) (*Metamagical Themas*, 1985). Das Phänomen selbst ist natürlich älter. So ist der Nachname Zunz in Jorge Luis Borges' (1899–1986) Erzählung *Emma Zunz* ein Ambigramm. Dan Brown verwendet in seinem Verschwörungsroman *Angels and Demons* (2000) das Ambigramm ILLUMI-

NATI, was seinen deutschen Verlag wohl veranlasst hat, den ursprünglichen Romantitel in *Illuminati* zu ändern.

Einige Wortpalindrome:

AnnA, OttO, RentneR, EvA (umgekehrt: Ave), RomA (umgekehrt: Amor). Als längstes deutsches Wortpalindrom gilt *ReliefpfeileR*, allerdings wird es – unter Zuhilfenahme eines Fremdwortes – von *RetsinakanisteR* geschlagen. Längstes bekanntes Wortpalindrom überhaupt ist das finnische *SaippuakivikauppiaS* (= Seifensieder).

Satzpalindrome:

Sator Arepo tenet opera rotaS (»Der Säher Arepo hält mit Mühe die Räder«)
(Palindrome müssen nicht unbedingt einen Sinn ergeben.)
Ein Neger mit Gazelle zagt im Regen niE (stammt übrigens von Schopenhauer)
O Genie, der Herr ehre dein EgO!
Erika feuert nur untreue FakirE
Sex at noon taxeS
Eh, ça va, la vachE?

Pangramm

Das Pangramm ist das genaue Gegenteil des →Leipogramms: nämlich ein Satz, in dem alle Buchstaben des Alphabets vorkommen (holoalphabetischer Satz). In echten Pangrammen erscheint jeder Buchstabe nur einmal; es handelt sich also gleichzeitig um *Isogramme*, Texte, in denen alle Buchstaben – meist tatsächlich nur einer – gleich oft vorkommen. Früher wurden Pangramme gerne zum Testen von Fernschreibverbindungen oder Schreibmaschinen benutzt, heute fristen sie ihr Dasein meist nur noch als Blindtexte oder zur Darstellung von Schriften.

Ein paar Pangramme:

»Franz jagt im komplett verwahrlosten Taxi quer durch Bayern« (das ist allerdings ein unechtes Pangramm).

Mit deutschen Sonderbuchstaben geht: **»Zwölf Boxkämpfer jagen Viktor über den großen Sylter Deich.«**

Echte Pangramme sind mit den 26 lateinischen Buchstaben sehr schwer hinzubekommen, ohne Abkürzungen oder obskure Eigennamen ist es noch niemandem gelungen. Im Japanischen sieht das anders aus: Das *Iroha*, ein japanisches Gedicht aus dem 11. Jahrhundert, enthält alle Silben der japanischen Schrift, und zwar ohne Wiederholungen. Es handelt sich also um ein perfektes Pangramm beziehungsweise ein Isogramm.

Pfeifsprache

Guantschisch oder Altkanaresisch war die Sprache der Urbevölkerung der Kanarischen Inseln und gehörte zu den Berbersprachen. Zu Beginn des 18. Jahrhunderts ist sie endgültig vom Spanischen verdrängt worden und ausgestorben. Um sich über die Schluchten ihrer gebirgigen Vulkaninseln zu verständigen, benutzten die Guantschen eine besondere Pfeifsprache (»El silbo« = der Pfiff). Dabei werden Zeige- und Mittelfinger in den Mund gelegt, die Töne entstehen mithilfe der Zunge, wenn beim Ausstoßen der Luft die Lippen gespitzt oder in die Breite gezogen werden. Mit der anderen Hand wird der Schall in eine bestimmte Richtung gelenkt. El Silbo ist eine regelrechte Sprache; die Pfiffe werden nach ihrer Bedeutung in bestimmten Tonhöhen und -längen und in verschiedener Lautstärke artikuliert. Obwohl damit nur zwei Vokale und vier Konsonanten erzeugt werden, lässt sich in Silbo alles ausdrücken – seit dem Verschwinden des Guantschischen allerdings nur auf Spanisch. Solche Pfeifsprachen gab es früher auch in anderen Weltgegenden, z. B. in den Pyrenäen, Mexiko oder Thailand. Noch im Spanischen Bürgerkrieg wurde El Silbo (auf beiden Seiten) zur Nachrichtenübermittlung eingesetzt. Auf La Gomera gibt es noch heute *silbadores,* die die Pfeifsprache beherrschen. 1982 hat die UNESCO El Silbo auf die Liste der zu schützenden Weltkulturgüter gesetzt. Seit 1999 ist die Pfeifsprache an den Grundschulen auf La Gomera Pflichtfach.

Pidgins und Kreolsprachen

Pidgins werden Sprachen genannt, die entstehen, wenn sich Menschen verständigen, die keine gemeinsame Sprache sprechen. Die mittelalterliche →Lingua franca war eine solche Behelfssprache. Die Herkunft des Namens Pidgin ist, obwohl es einige Erklärungsversuche gibt, ungeklärt. Es werden verschiedene Typen von Pidgins unterschieden:

- maritime Pidgins, die Seeleute zur internationalen Verständigung benutzen.
- Handelspidgins.
- Pidgins, die zwischen Missionaren und zu missionieren den Völkern entstanden sind, meist in Afrika und Amerika.
- Arbeitspidgins: Die Sprache, in der etwa Plantagenbesitzer mit ihren Sklaven sprachen.

Kreolsprachen sind ursprüngliche Pidgins, die zur Muttersprache geworden sind, sie haben sich also von Behelfssprachen zu selbstständigen Sprachen entwickelt. Das Wort kommt vom portugiesischen *crioulo* und bezeichnet eigentlich einen Menschen europäischer Abstammung, der in einer Kolonie geboren und aufgewachsen ist.

Das Hauptmerkmal der Pidgins und Kreolsprachen ist die Vereinfachung von Grammatik und Wortschatz. Allerdings halten sich manchmal Eigenarten der Vorgängersprachen so hartnäckig, dass von einer Vereinfachung gerade nicht die Rede sein kann. Beispielsweise wird im jamaikanischen Kreolisch die 3. Person Plural dem Substantiv nachgestellt: »de man dem« (»the men them«), was sich wohl auf bestimmte syntaktische Besonderheiten des Ewe, einer Sprache, die heute von 3 Millionen Menschen in Ghana und Togo gesprochen wird, oder Twi (über 8 Millionen Sprecher in Ghana) zurückführen lässt.

Es gab und gibt Pidgins und Kreolsprachen auf englischer, französischer, portugiesischer, niederländischer, spanischer, deutscher und russischer Basis. Keineswegs aber sind sie in jedem Fall Produkte der Kolonialzeit, so existieren auch Kreolsprachen auf der Basis des Arabischen, Swahili, Kongo oder Xhosa (Afrika), des Malaiischen, Motu (Asien) oder verschiedener Indianersprachen wie Chinook oder Cree. Auch das »Gastarbeiterdeutsch« ist ein Pidgin – dessen Kreolisierung, weil es sich auf die erste Gastarbeitergeneration beschränkt, niemals erfolgen wird.

Einige Pidgin- und Kreolsprachen:

Weltweit dürften sich an die 200 Pidgins und Kreolsprachen entwickelt haben, von denen eine ganze Anzahl auch schon wieder unter gegangen ist.

Anglo-Romani: Kreolsprache der Roma in Großbritannien

Bamboo-Englisch: Während des Koreakrieges verwendetes Pidgin, heute in Vergessenheit geraten.

Basar-Hindustani: Hindi-Pidgin, das in den nordindischen Großstädten die Rolle einer →Lingua franca spielt.

Buschnegerenglisch: Englisch-basierte Kreoldialekte des Boni und des Djuka in Surinam. Als einzige Kreolsprache hat das Djuka ein eigenes Schriftsystem entwickelt.

Englisches Kreolisch von Pitcairn: Die Sprache der Nachfahren der Meuterer von der *Bounty*, die sich 1790 auf der kleinen Insel ansiedelten. Aus dem Pitcairnesischen hat sich im 19. Jahrhundert unter den Siedlern, die auf die Insel Norfolk ausgewandert sind, das Norfolkesische entwickelt.

Inglès de Escalerilla: Spanisch-englisches Pidgin, das in Mittelmeerhäfen wie Málaga und La Línea gesprochen wird.

Kapholländisch: Afrikaans-Spielarten in der Kapregion.

Kreolfranzösisch von Louisiana: Im östlichen Louisiana noch immer gebräuchlich.

Niederländisches Kreolisch von den Jungfraueninseln: Heute beinahe ausgestorben, aber im 19. Jahrhundert weit verbreitet. 1818 kam sogar eine Übersetzung des Neuen Testaments heraus.

Papiamento: Spanische Kreolsprache, die auf Curaçao, Bonaire und Aruba gesprochen wird. Papiamento stammt eigentlich von einem portugiesischen Pidgin ab, der Wortschatz ist auch niederländisch geprägt.

Pidgin Afrikaans: In Namaland in Namibia.

Pidgin-Italienisch von Asmara: Pidgin in der ehemaligen italienischen Kolonie Eritrea.

Portugiesisch von Sri Lanka: Früher unter indoportugiesischen christlichen Einwanderern üblich; wird heute noch teilweise auf Sri Lanka gesprochen.

Russenorsk: eine Mischung aus Norwegisch und Russisch, die ab Ende des 18. Jahrhunderts von norwegischen Händlern auf de Kolahalbinsel (Murmansk = »murman« = »Nordmänner«) benutzt worden ist. Nach der Oktoberrevolution 1917 nicht mehr in Gebrauch.

Sheldru (Shelta): Anglo-irische Kreolsprache, die von Iren und deren Nachkommen in England und den USA benutzt wurde. Englische Grammatik mit irischem Wortschatz.

Singapur-Portugiesisch: Wird in Teilen Singapurs gesprochen, auch Einflüsse aus dem Malaiischen und Englischen.

Die Kreolsprachen sind mit den meisten Sprechern das **französische Kreolisch auf Haiti** (ca. 7,5 Millionen Sprecher), **Krio**, ein englisches Kreolisch im Senegal, in Gambia, Guinea und Äquatorial-Guinea (4,5 Millionen Sprecher) und **Tok Pisin** (aus Englisch und Melanesisch), das von zwei Millionen Sprechern in →Papua-Neuguinea gesprochen wird.

In der 2. Szene des 3. Akts von *Julius Caesar* lässt Shakespeare Mark Anton seine berühmte Grabrede gehalten:

> Friends, Romans, countryman, lend me your ears;
> I come to bury Caesar, not to praise him.
> The evil that men do lives after them;
> The good is oft interred with their bones;
> So let it be with Caesar. The noble Brutus
> Hath told you Caesar was ambitious.
> If it were so, it was a grievous fault;
> And grievously hath Caesar answered it.
> Here, under leave of Brutus and the rest –

For Brutus is an honourable man;
So they are all, all honourable men –
Come I to speak in Caesar's funeral.

Auf Tok Pisin lautet die Passage:

Pren, man bolong Rom, Wantok, harim nau. Mi kam tasol long plantim Kaesar. Mi noken beiten longen. Sopos sampela wok bolong wampela man i stret; sampela i no stret; na man i dai; ol i wailis long wok i no stret tasol. Gutpela wok bolongen i slip; i luls nating long giraun wantaim long Kalopa. Fesin bolong yumi man. Maski Kaesar tu, gutpela wok I slip. Brutus ia tokim yu long Kaesar Kalopa bekim pinnis long. virua belongen. Tru, Brutus, na ol pren bolongen, gutpela man. I orait. Ol i gipim mi orait long mi toktok sore hia long Kaesar.

Plansprachen

Seit der Antike gibt es Überlegungen zu einer Universalsprache. Seitdem das →Lateinische diese Funktion immer mehr verlor, kam es zu Erfindungen neuer Sprachen, die seine Rolle als ein internationales Kommunikationsmittel einnehmen sollten. Man spricht auch von Welthilfssprachen. Einige dieser erfundenen Sprachen wie →Solresol oder →Volapük haben zunächst durchaus Verbreitung gefunden, sind dann aber durch →Esperanto weitgehend verdrängt worden. Bei Ido handelt es sich um ein modifiziertes Esperanto. Überhaupt beruhen viele künstliche Sprachen auf einem vereinfachten Latein (zum Beispiel Latino Sine Flexione) oder auf romanischen Sprachen (Idiom Neutral, Interlingue, Interlingua) und sind somit vor allem für die westliche Welt gedacht und geeignet.

Insgesamt gibt es tausend künstliche Sprachen. Hier nur die bekanntesten:

Afrihili * Arcaicam Esperantom * Arioni-Boera * Babm * Balta * Basic English * Bendeh * Bliss-Symbole * Bolak * Bopal * Ceqli * Cosmolingue * Carpophorophilus * Dastmen * Deudesc * Dil * Dunia * Ekspreso [l], EnglishFranca * Esperanto * Esperido * Europanto * Fasile * Folkspraak * Frater * Gestuno (Gebärdensprache) * Glosa * Hoyhoy * Iala * Idiom Neutral * Ido (bzw. Ido-Letro) * Intal * Interglossa * Interlingua * Interlingue (Occidental) * Iret * Kosmos * Kotava * Ladin Dolomitan * Langue Bleue * Langue Catholique * Latinesce * Latino sine flexione * Lingua * Lingua Franca Nova * Lingua International * Loga * Loglan * Lojban * Mondial * Mondlango (auch: Ulango) * Molog * MUL * Neo * Neolatinus * Novial * Panamane * Pasigrafie * Pasilingua * Picto * Progresso * Ro * Romanal * Romanica * Romanid * Roxhai * Slovio * Solresol * Sona * Spelin * Spokil * Suma * Teran * Timerio * Toki Pona * Unitario * Universalglot * Volapük * Vorlin * Weltdeutsch (Wede) * Weltparl.

Pluralis maiestatis

Als Ausdruck ihrer Macht sprechen hochgestellte Persönlichkeiten, meist – nicht immer – bei offiziellen Anlässen, im Plural: »Venerabiles Fratres Nostri, dilectissimi Fratres ac Sorores in Christo, vos universi homines bonae voluntatis!« So sprach der neue Papst Benedikt XVI. seine Kardinäle und die übrigen Anwesenden nach seiner Wahl an. Hier gehört der Plural maiestatis zur zeremoniellen Formel, bei späteren Reden fällt auf, dass sich der Papst lieber der ersten Person bedient. Von Queen Victoria stammt das nachmals gern auch von ihrer Nachfolgerin verwendete: »We are not amused«. Anlässlich der Geburt ihres Enkels Michael entfuhr Margaret Thatcher 1989 der Satz: »We are grandmother«. Entsprechend erfolgt die Anrede in der zweiten Person Plural (»Eure Heiligkeit«), das Verb wird dabei aber in der dritten Person belassen (»wie Eure Majestät belieben«).

Manche Schriftsteller und Wissenschaftler benutzen den *Pluralis auctoris*, der jedoch gerade keine besondere Erhabenheit des Autors, sondern ein Einverständnis mit dem Leser und seine Einbeziehung in die Gedankengänge des Autors kommunizieren soll, weswegen er auch *Pluralis modestiae* (Plural der Bescheidenheit) genannt wird; »Die Geschichte Hans Castorps, die wir erzählen wollen [...]«.

PSEUDONYME

Pseudonyme sind fingierte Namen, die vor allem Künstler, insbesondere Schlagersänger und Schriftsteller, verwenden, um ihren Allerweltsnamen aufzuwerten, einen komplizierten Namen zu vereinfachen, von berühmten Namen zu profitieren, aber auch, um unentdeckt zu bleiben oder aus purer Lust am Verwirrspiel.

Anagramm

Ein →**Anagramm** wird aus den Buchstaben des richtigen Namens gebildet: Paul Celan = Paul Ancel.

Allonym

Das **Allonym** gibt den Namen einer prominenten Persönlichkeit vor. Der chilenische Dichter und Literaturnobelpreisträger Neftali Richard Reyes Basualto (1904–1973) hat sich beispielsweise nach dem tschechischen Dichter Jan Neruda *Pablo Neruda* benannt. Grund für das Allonym kann Verehrung sein, oft soll sie aber auch der Erfolgssicherung des eigenen Werkes dienen. Der Politiker und patriotische Dichter Wolfgang Müller von Königswinter (1816–1873) benutzte für sein Versepos *Höllenfahrt* (1856) eiskalt das Allonym »Heinrich Heine« (was man nur als Betrug bezeichnen kann). Übrigens hieß er in Wirklichkeit Peter Wilhelm Karl Müller, »von Königswinter« ist ein →Aristo- beziehungsweise Geonym.

Ananym Das **Ananym** ist ein spezielles →Anagramm, der Name erscheint rückläufig. Bekanntes Beispiel ist der Autor des Bestsellers *Götter, Gräber und Gelehrte* C. W. Ceram (für Kurt W. Marek). Marek hatte guten Grund, seinen Namen zu verfremden. Manchem wird er 1949, bei Erscheinen seines berühmten Sachbuchs, noch als Nazi-Kriegsberichterstatter und Verfasser des heute zu Recht vergessenen Romans *Wir hielten Narvik* (1941) in Erinnerung gewesen sein. Die Wüstenstadt Anagrom Ataf in *Die 13 1/2 Leben des Käpt'n Blaubär* ist das Ananym zu *Fata Morgana*. Erich Maria Remarque (*Im Westen nichts Neues*, 1928) wurde von den Nazis unterstellt, er hieße eigentlich Kramer. In Wahrheit wurde er als Erich Paul Remark geboren.

Aristonym Das **Aristonym** soll seinem Träger mit einem Adelstitel Prestige einbringen, allerdings wird es meist ironisch verwendet: Hella von Sinnen, Rosa von Praunheim.

Blogonym Neuerdings gibt es auch das **Blogonym**, hinter dem Blogger im Internet ihren Namen verbergen.

Geonym Das **Geonym** enthält den Geburtsort: Leonardo da Vinci, Heinrich Hoffmann von Fallersleben, Georg Baselitz (aus Großbaselitz), Hubert von Goisern (aus Bad Goisern). In der Literatur wird auch die Herkunftsbezeichnung anstelle des Verfassernamens Geonym genannt, zum Beispiel: C. F. Meyer *20 Balladen* (1864) »von einem Schweizer«.

Hagionym Das **Hagionym** ist der Name eines Heiligen. Manchmal stößt man auf die Unterkategorien *Hieronym*, womit auch ein Heiligenname gemeint ist, und *Ascetonym*, das den Namen eines Asketen enthält. Der Literarhistoriker und Mediävist Albert Schulz (1802–1893) nannte sich *San Marte*.

Kryptonym

Das **Kryptonym** enthält nur einzelne Buchstaben, beispielsweise das »-ky« des Krimiautors Horst Bosetzky, und ist im übrigen synonym mit Pseudonym.

Phraseonym

Das **Phraseonym** gibt eine umschreibende Bezeichnung oder Redewendung wieder: Farin Urlaub, »Gedichte eines Lebendigen« (Georg Herwegh), Jane Austen benutzte für *Sense and Sensibility* (1811) das Phraseonym »by a lady«.

Phrenonym

Ein **Phrenonym** gibt einen Gemütszustand oder eine Charaktereigenschaft wieder: Fred Sonnenschein (= Frank Zander). Die Sprachgesellschaften des 17. Jahrhunderts benutzen oft Phrenonyme: Der Vielbemühte = A. Ölschläger, Der Suchende = J. G. Schottel.

Prenonym

Das **Prenonym** besteht aus einer Verkürzung auf den Vornamen: Jean Paul = Johann (Jean) Paul Friedrich Richter.

Pseudoandronym

Ein **Pseudoandronym** liegt vor, wenn Frauen einen Männernamen verwenden. Besonders früher bei Schriftstellerinnen beliebt (und notwendig): Karen Blixen = Isak Dinesen.

Pseudogynonym

Das umgekehrte **Pseudogynonym** kommt dagegen eher selten vor. Prosper Mérimée hat sein erstes gedrucktes Werk *Théâtre de Clara Gazul* (1825) genannt. Die Stückesammlung sollte von einer spanischen Schauspielerin dieses Namens verfasst worden sein.

Traduktionym

Das **Traduktionym** ist die Übersetzung des Namens in eine andere Sprache, meist Latein oder Griechisch, wie sie bei Akademikern im Mittelalter und in der frühen Neuzeit gebräuchlich war: Georgius Agricola = Georg Bauer, Gerhardus Mercator = Gerhard Kremer, Philipp Melanchthon = Philipp Schwarzerdt.

Sammel-pseudonyme

Sammelpseudonyme oder **Verlagspseudonyme** kommen gelegentlich zwecks einheitlicher Benennung von Werken vor, die verschiedene Urheber haben. Sie sind üblich bei Trivialheften, auch bei Musikverlagen. Das *Orchester Eric Harden* spielte beispielsweise seit den späten 20er-Jahren auf zahllosen Langspielplatten verschiedener Labels. Dahinter stand keine realexistierende Kapelle, sondern ein beliebiges Studioorchester.

Sideronym

Das seltene **Sideronym** bezieht sich auf einen astronomischen Begriff. Der flämische Kritiker, Dichter und Essayist Urbain van der Voorde (1893–1966) nannte sich *Sirius.*

Telonisnym

Telonisnym heißt die Verkürzung auf das Namensende: N. Lenau = Franz Niembsch Edler von Streh**lenau.**

Titlonym

Ein **Titlonym** liegt vor, wenn bei Büchern oder Platten der Titel eines anderen, meist erfolgreichen Werkes (desselben Autors oder Interpreten) genannt wird: *»Die Rückkehr* vom Verfasser der *Briefe eines Verstorbenen«* (Fürst von Pückler-Muskau).

Der Fall Traven:

Kein Schriftsteller hat wohl so viele Pseudonyme benutzt wie der deutschsprachige Verfasser der sozialkritischen Abenteuerromane *Das Totenschiff* (1926) und *Der Schatz der Sierra Madre* (1927; 1948 von John Huston mit Humphrey Bogart verfilmt). Er wurde unter dem Namen B. Traven berühmt, führte aber auch die Pseudonyme Traven Torsvan, Torsvan Croves, Hal Croves, Berick Torsvan. Er starb 1969 in Mexiko-City unter dem Namen Traven Torsyan, angeblich 1882 in St. Francisco geboren. Es spricht einiges dafür, dass er identisch mit einem Publizisten namens Ret Marut (natürlich ebenfalls ein Pseudonym) war, der als Teilnehmer der Münchner Räterepublik standrechtlich erschossen werden sollte, später nach England geflohen ist, wo er unter dem Namen Otto Feige gelebt hat, bis er erst nach Kanada, dann nach Mittelamerika ausgewandert ist. In Mexiko hat er angefangen, Romane zu schreiben, die meist auch dort spielen. Über die wahre Identität B. Travens ist viel Tinte vergossen worden (u. a. soll er ein illegitimer Sohn Kaiser Wilhelms II. gewesen sein), aber zu einem befriedigenden Ergebnis ist keiner seiner Biografen gekommen.

Q

Quechua

Das alte Quechua war die →Lingua franca des Inkareichs (zwischen ungefähr 1200 und 1532), ursprünglich wurde die Sprache wohl im zentralen Hochland von Peru gesprochen. Der spanische Dominikaner Domingo de Santo Tomás (1499–1570) hat schon 1560 eine Grammatik und ein Wörterbuch des klassischen Quechua herausgegeben. Die Inka, die über keine Schrift verfügten (→Khipu-Schnüre), besaßen eine überaus reiche orale Kultur. Ein Abglanz davon liegt uns in dem Epos *Apu Ollantantay* vor. Es wurde von einem gewissen Justo Apu Sahuaraura in der zweiten Hälfte des 16. Jahrhunderts nach Erinnerungen von Einheimischen aufgezeichnet und erzählt von den Abenteuern Ollantays und seiner Liebe zur Prinzessin Kusi Coyllur. Ob der Stoff tatsächlich aus präkolumbianischer Zeit stammt, ist nicht klar. *Apu Ollantantay* ist bereits 1875 unter dem Titel *Ollanta* ins Deutsche übersetzt worden; eine Neuausgabe des Inka-Schauspiel ist 2007 in dem deutschen Verlag Edition Victoria erschienen.

Heute wird als Quechua eine 47 Sprachen umfassende Sprachfamilie bezeichnet, die von nicht ganz 9 Millionen Menschen hauptsächlich in Peru, auch in Ecuador und Bolivien (wenige auch in Kolumbien, Argentinien und Chile) gesprochen werden. In Peru und Bolivien hat Quechua den Status einer Amtssprache; es wird an den meisten Universitäten des spanischsprachigen Südamerika als Fremdsprache gelehrt. In das Deutsche sind einige Lehnwörter aus dem Quechua eingegangen wie Alpaka, Coca, Guano, Inka, Kondor, Lama, Mate, Puma.

R

Romani

Romani oder Romanes nennt man die »Zigeunersprache« – eine Bezeichnung, die heute, zumindest aus dem offiziellen Sprachgebrauch, verschwunden ist, weil sie von den Bezeichneten als abwertend empfunden wird. Es ist eine indische Sprache, die sich 800 Jahre lang, von den anderen indischen Sprachen isoliert, vor allem in Europa entwickelt hat. Besonders die Sprachen des Balkans und des byzantinischen Griechisch haben während mindestens 700 Jahren das Romani beeinflusst. Woher die Roma genau kommen, ist nicht geklärt. Lange Zeit hat man Ägypten als ihre Heimat angesehen; die Benennungen Zigeuner, Gypsies, Gitanes zeugen noch davon. Wahrscheinlich stammen sie von den Söldnern und ihren Familien ab, die im 11. Jahrhundert gegen die persisch-islamische Invasion Indiens eingesetzt wurden, dann in Richtung Westen gezogen und über Armenien und die Türkei nach Europa gekommen sind. Die Romani-Dialekte sind über die Jahrhunderte so stark von ihren Kontaktsprachen beeinflusst worden, dass im Wortschatz die Zahl der fremden Lehnwörter diejenige der Erbwörter übersteigt. In einer siebenbürgischen Chronik von 1762 heißt es über die Ankunft einer Gruppe von Zigeunern: »150 an Zahl und mit vielen Kindern, allesamt kundig des Deutschen, Magyarischen und Böhmischen, einige sogar Türkisch redend.« Bei den Zahlwörtern (→Zahlen) zeigt sich die vielfältige Entlehnung besonders eindrucksvoll. Die deutschen Roma zählen beispielsweise: 1 = »enslo« (aus dem Schwedischen), 4 = »tschetteri« (lettisch), 6 = »kuus« (estnisch), 7 = »seize« (ebenfalls estnisch), 8 = »ochto« (griechisch), 9 = »enja« (ebenfalls griechisch), 90 = »doxan« (türkisch), 1000 = »mija« (rumänisch). Von den ursprünglichen Zahlwörtern haben sich »jek« als Alternativform für 1, »dui« für 2, »trin« für 3, »pants« für 5, »sob« für 6, »efta« als Alternative zu »seize« (7), »des« für 10, »bis« für 20 und »sel« für 100 erhalten. Der Erste, der sich wissenschaftlich mit Romani befasst hat, war Johann Christian Christoph Rüdiger (1751–1822). In einem Aufsatz *Von der Sprache und Herkunft der Zigeuner aus Indien* (1782) legt er die Herkunft der Roma aus Indien und die Verwandtschaft des Romani mit dem ehrwürdigen →Sanskrit dar.

Rongorongo

Über die seltsamen Zeichen auf den 21 Holztafeln, die man auf den Osterinseln gefunden hat, die Rongorongo-Hölzer, ist viel gerätselt worden. *Kohu rongorongo* wird allgemein mit »sprechendes Holz« übersetzt. Wir wissen, dass die Hölzer zu besonderen Anlässen von den Schriftkundigen hervorgeholt und rezitiert wurden. Die Letzten, die in der Lage waren, diese Schrift zu lesen, starben im 19. Jahrhundert und nahmen ihr Wissen mit ins Grab. Erst in den 50er-Jahren des letzten Jahrhunderts gelang dem Tübinger Völkerkundler (und ehemaligen Wehrmachtskryptografen) Thomas Barthel (1923–1997) ein gewisser Durchbruch: Er fand heraus, dass die Mitteilungen auf den Tafeln in einer Art Telegrammstil verfasst waren und Stichwörter zu rituellen Zusammenhängen enthielten, die dem Rezitierenden einen gewissen Improvisationsspielraum ließen. Struktur und Inhalt einiger Texte lassen sich auf der Grundlage dieser Erkenntnis zwar ungefähr rekonstruieren, aber die Rongorongo-Hölzer sind bis heute nicht zum Sprechen gebracht worden.

	**toki** – Axt
	**vai** – Wasser
	**tangata** – Mensch
	**ruhite paku** – eine Trommel schlagen
	**kohau rongo-rongo** – sprechende Hölzer

	**koto** – Schneider, zerschnitten
	**moe** – schlafend, tot
	**tea** – weiß
	**pua** – Blume, Weib
	**rei kura** – kostbarer Schmuck, erstgeborener Sohn

Runen

Runen waren als Schriftzeichen besonders zwischen dem 2. und 12. Jahrhundert bei den germanischen Völkern in Gebrauch. Die Kenntnis der Schrift dürfte jedoch einer kleinen Elite vorbehalten gewesen sein. Runen wurden vor allem als

Inschriften zum Zwecke der Weihe, des Verschenkens oder als Besitzangabe verwendet. Das Wort Rune bedeutet »Geheimnis«; unser Verb »raunen« hängt damit zusammen. Über den Ursprung der Runenschrift gibt es wenige gesicherte Erkenntnisse. Die alte Theorie, wonach die Goten (→Gotisch) sie von den Griechen übernommen haben, hat sich erledigt. Viele Runologen gehen heute davon aus, dass die Germanen sich von der lateinischen Schrift zu ihrem Alphabet haben inspirieren lassen. Andere halten die alten alpinen Schriften, Tochteralphabete des Etruskischen und also Enkelalphabete des Griechischen), die lange vor der Herrschaft des Lateinischen in Norditalien existiert haben, als Vorbild für wahrscheinlicher.

Neuerdings hat der Münchner Sprachwissenschaftler Theo Vennemann die These aufgestellt, die Phönizier beziehungsweise die Karthager hätten das Alphabet in den Norden gebracht. Der erste Buchstabe des phönizischen Alphabets lautet →Aleph und bedeutet »Rind«. Der Lautwert war auch nicht »a«, sondern ein Kehlkopflaut, der Nichtmuttersprachlern fast unüberwindliche Probleme bereitet – und den auch die alten Germanen nicht hinbekamen. Der erste Buchstabe der Runenalphabete sei daher »fehu« (= Vieh)! Die Germanen hätten also nicht den Lautwert übernommen, sondern einfach das Wort übersetzt. So aufregend sich Vennemanns These ausnimmt, ist die archäologische Beweislage für eine phönizische Kolonisation in Südskandinavien oder Norddeutschland dürftig. Die infrage kommenden Gebiete befinden sich nämlich inzwischen auf dem Grund der Nordsee. Allerdings behauptet der Ethnologe und Hobbyarchäologe Hans Peter Duerr (*Rungholt. Die Suche nach einer versunkenen Stadt,* 2005), er habe im nordfriesischen Wattenmeer Belege für eine Anwesenheit der Phönizier an der Waterkant gefunden.

In Skandinavien hat sich die Runenschrift teilweise bis in das 19. Jahrhundert gehalten. Das isländische Alphabet enthält noch heute einen Buchstaben, der einmal eine Rune war: þ (→Thorn), der für einen stimmlosen th-Laut (wie das englische th) steht. Neuheidnische, völkische und antisemitische Bewegungen haben sich von jeher auf das vorchristliche »nordische« Erbe der Runenschrift berufen; man denke an die doppelte Sieg-Rune der SS. Der Okkultist Guido von List (1848–1919) hat sich ein eigenes Runenalphabet ausgedacht, das sogenannte *Armanen-Futhark*, das bis in die 70er-Jahre des 20. Jahrhunderts bei Runenesoterikern in Gebrauch war. Heute bezieht sich die Runenesoterik lieber auf den amerikanischen Runenmagier Stephen Flowers (geboren 1953) *(Handbuch der Runenmagie)*, der sich *Edred Thorsson* nennt und immerhin promovierter Nordist ist. Mit wissenschaftlicher Runenkunde hat das alles natürlich nichts zu tun.

Zeichen	Wert	Name	Zeichen	Wert	Name	Zeichen	Wert	Name
ᚠ	f	*Fe*	ᚼ	h	*Hagel*	ᛒ	b	*Björk*
ᚢ	u	*Ur*	ᚾ	n	*Naud*	ᛚ	l	*Laugr*
ᚦ	o	*Thurs*	ᛁ	i	*Is*	ᛘ	m	*Madr*
ᚬ ᚭ	o	*Os*	ᛅ ᛆ	a	*Ar*	ᛦ	y	*Yr*
ᚱ	r	*Reid*	ᛋ	s	*Sol*			
ᚴ	k	*Kaum*	ᛏ	t	*Tyr*			

S

Sanskrit

Sanskrit ist die heilige Sprache des Hinduismus und gehört zu den ältesten indoeuropäischen Kultursprachen. Mit den indoeuropäischen Invasoren – sie nannten sich »Arier«, was aber hier in einem ethnologischen und sprachwissenschaftlichen, nicht in rassekundlichem Sinn zu verstehen ist – ist es ungefähr 1600 v. Chr. in den Norden Indiens gekommen. Schon um Christi Geburt war Sanskrit als gesprochene Sprache außer bei Priestern und Gelehrten nicht mehr in Gebrauch. Als Bildungssprache ist es allerdings bis heute lebendig und spielt in Indien eine Rolle wie bei uns das →Lateinische. All India Radio sendet jeden Tag eine Nachrichtensendung in Sanskrit.

1786 hielt der britische Jurist und Indologe William Jones (1746–1794) seinen denkwürdigen Vortrag vor der »Asiatic Society« in Kalkutta, in dem er auf die Ähnlichkeiten zwischen dem →Gotischen, den →keltischen Sprachen und dem Persischen hinwies. Weil das immerhin die Geburtsstunde der Vergleichenden Sprachwissenschaft war, sei hier die entscheidende Passage zitiert: »Die *Sanskrit*-Sprache, wie alt sie auch sein mag, hat eine wunderbare Struktur. Sie ist vollkommener als das *Griechische*, reichhaltiger als das *Lateinische* und kultivierter als beide. Sie hat mit beiden in den Wurzeln von Verben und den grammatischen Formen mehr Verwandtschaft, als sie ein Zufall möglicherweise hervorrufen könnte. In Wirklichkeit ist sie so groß, dass keine Philologe alle drei untersuchen könnte, ohne anzunehmen, dass sie aus derselben gemeinsamen Quelle stammten, die vielleicht nicht mehr existiert. Es gibt einen guten, wenn auch nicht ganz so zwingenden Grund für die weitere Annahme, dass auch das *Gotische* sowie das *Keltische* denselben Ursprung wie das *Sanskrit* hätten, obwohl sie mit einem sehr anderen Idiom vermischt worden sind. Und auch das alte *Persische* darf derselben Familie hinzugefügt werden.«

1816 erschien die erste vergleichende Grammatik, und 1833 trug der Deutsche Franz Bopp (1791–1867) in seiner *Vergleichenden Grammatik des Sanskrit, Zend, Griechischen, Lateinischen, Litauischen, Gotischen und Deutschen* (1833–52) alle Erkenntnisse zusammen und wurde damit zum Begründer der historisch-vergleichenden indogermanischen Sprachwissenschaft. Einer der Begründer der Vergleichenden Religionswissenschaft, der Indologe Friedrich Max Müller (1823–1900), meinte, mit der Entdeckung des Sanskrit hätten die Europäer von einer Epoche ihres Daseins erfahren, die sie zwar geprägt habe, die sie aber nicht in Erinnerung hätten behalten können. Das sei ungefähr so, als hätten die Nordamerikaner die europäische Herkunft ihrer Sprache und Literatur vergessen und müssten deren englischen Ursprung erst wiederentdecken, um ihre eigene Kultur zu verstehen. So gehe es den Europäern mit Indien.

Satanische Verse

In der 53. Sure des Koran (*Al-Nadschm* = »Der Stern«) spricht der Prophet Muhammad das Problem des Polytheismus an:

> »Was haltet ihr nun von Al-Lat und Al-'Uzza
> und Manah, der dritten, der anderen?«

Gemeint sind die damals noch neben dem Obergott Allah in der Kaaba verehrten Göttinnen Al-Lat, Al-'Uzza und Manah.

In der kanonischen Version geht es so weiter:

> »Wie? Sollten euch die Knaben zustehen und Ihm die Mädchen? Das wäre wahrhaftig eine unbillige Verteilung. Wahrlich, es sind nur die Namen, die ihr euch ausgedacht habt – ihr und eure Väter –, für die Allah keinerlei Ermächtigung herabgesandt hat.«

Der Prophet wendet sich hier also entschieden gegen den überkommenen Polytheismus. Nun existiert aber eine Textvariante des arabisch-persischen Koran-Gelehrten Al-Tabari (839–923), wonach Muhammad die Verehrung anderer Gottheiten neben Allah durchaus erlaubt und sogar befürwortet:

> »Das [Al-Lat, Al-'Uzza und Manah] sind die erhabenen
> Kraniche. Auf ihre Fürbitte darf man hoffen.«

Die traditionelle Erklärung für diese mit dem extremen Monotheismus des Islam unter keinen Umständen zu vereinbarende Aussage lautet: nicht der Erzengel Djibril (Gabriel), der Muhammad den ganzen Koran diktiert hat, habe dem Propheten die anstößigen Verse offenbart, sondern der Satan (was an späterer Stelle von Gabriel auch richtiggestellt wird). Es handelt sich dabei um eine typische Versuchungsgeschichte, wie sie in zwei Evangelien auch von Jesus erzählt wird (»Da ward Jesus vom Geist in die Wüste geführt, auf dass er von dem Teufel versucht würde«, Matthäus 4,1) und die sich wohl tatsächlich an jüdisch-christlichen Prophetenvorbildern orientiert.

Die Bezeichnung dieser bedenklichen Passage als »Satanische Verse« stammt übrigens nicht aus der islamischen Tradition, sondern von dem wissenschaftlich bedeutenden, aber evangelikalen und dabei islamfeindlichen britischen Orientalisten und Missionswissenschaftler William Muir (1819–1905), dessen Biographie *The Life of Mahomet and History of Islam* (1856–1861) ganze Generationen von Islamwissenschaftlern und Missionaren geprägt hat.

In Salman Rushdies Roman *The Satanic Verses* von 1988 spielt die Geschichte des Propheten Muhammad (der im Roman *Mahound* heißt) und dessen Kampf gegen die Göttin Al-Lat eine wichtige Rolle. Dieser Erzählstrang wird als Traum Gibrils, also des Erzengels Gabriel, präsentiert. Das Problem, jedenfalls für viele gläubige Muslime, besteht nun darin, dass sich herausstellt, dass nicht Gabriel, sondern der Satan dem Propheten die Offenbarung diktiert hat. Der religiöse und politische Führer des Iran, Ajatollah Khomeini (1902–1989), erließ deswegen einen Rechtsspruch *(Fatwa)* gegen Rushdie, der faktisch einem Mordaufruf gleichkam. Rushdie musste für Jahre untertauchen, auf seine Verleger und Übersetzer sind Anschläge ausgeführt worden. Als im Juni 2007 bekannt wurde, dass Rushdie von der englischen

Königin zum Ritter *(Knight Bachelor)* geschlagen werden sollte, kam es im Iran, in Pakistan und Malaysia zu Straßenprotesten. Khomeinis Nachfolger Ayatollah Ali Khamenei frischte die Fatwa auf, und die derzeitige Nummer zwei des Terrornetzwerks Al-Qaida, Aiman az-Zawāhirī, drohte »Vergeltungsschläge« an. Die wenigsten unter Rushdies Verfolgern werden indes die *Satanischen Verse* gelesen haben. Der Roman ist nämlich in den meisten islamischen Ländern – unter anderem in Ägypten, im Iran, in Pakistan, aber auch in Indien – verboten. Im Juli 2007 kündigte der deutsche Enthüllungsjournalist Günter Wallraff, bei dem Rushdie eine Zeit lang versteckt war, an, in einer Kölner Moschee aus den *Satanischen Versen* vorzulesen, um Muslime mit dem Roman bekanntzumachen.

Schmidt

Schmidt (mit den Varianten Schmid, Schmitt, Schmitz und so weiter) ist nach Müller der häufigste deutsche →Familienname. Entsprechungen des Namens (der sich nicht unbedingt von »Schmied« ableitet, sondern früher allgemein einen Handwerker bezeichnete) sind auf der ganzen Welt verbreitet:

Arabisch: **Haddad**
Baskisch: **Barandalla**
Bulgarisch: **Kovačev**
Dänisch, Norwegisch,
Schwedisch: **Smed**
Deutsch: **Schmidt, Schmid, Schmitt, Schmitz (latinisiert: Faber)**

Englisch:	**Smith**
Estnisch:	**Sepp**
Finnisch:	**Seppänen, Pajari**
Französisch:	**Le Fèvre, La Foge, Faur, Faure, Fabre, Fare, Fèvre, Faivre, Lefeuvre, Leveubre, Le Goff**
Griechisch :	**Siderakes, -atos, -ias**
Irisch :	**(O') Gobha(nn), Mac(an Ghabhann, (Mac/O') Gow(an)**
Italienisch:	**Ferrero, Ferrari(s), Fabbri, Ferraro, Magnani**
Kroatisch:	**Kovač, -ek, -ev**
Litauisch:	**Kalweit, Kalwis**
Niederländisch:	**Smit, Smits, Desmit, De Smet, Smeets**
Polnisch:	**Kowalski, Kowalczyk, Kowal(l)-ik, -ke**
Portugiesisch:	**Ferreira**
Rumänisch:	**Fiera(i)u, Faur**
Russisch:	**Kusnetzow**
Schottisch:	**Smithson (Gälisch: Gow, Mc Gowan)**
Serbisch:	**Kovačić**
Slowakisch:	**Koval**
Spanisch:	**Ferrer, Herrero, -a**
Tschechisch:	**Kovár, -ik, -íček**
Türkisch:	**Demirci**
Ungarisch:	**Kovács, -ach, -ats**

Die ausländische Entsprechung zu Müller: Miller (engl.), Meunier (franz.), Moller/Møler (skand.) nehmen sich dagegen eher langweilig aus.

Schnee

1984 behauptete die ansonsten verlässliche *New York Times*, bei den Eskimos gäbe es hundert Wörter für Schnee, und hat damit einen zählebigen Allgemeinplatz geschaffen. Tatsächlich bedeutet im Inuit *kannik* »Schneeflocke«, *katiksunik* »leichter Schnee«, *kiksrukak* »glatter Schnee«, *kaiyuglak* »Schnee mit gerippter Oberfläche« und *akillukkak* »weicher Schnee«. Aber das klingt alles auffällig ähnlich, und tatsächlich erweisen sich viele Spezialausdrücke für Schnee als Ableitungen bestimmter Grundwörter (Schnee an sich heißt *apun*, der erste Schneefall *apingaut*). In Wahrheit gibt es im →Eskimo auch nicht viel mehr Wörter für Schnee als bei uns. Wer darüber mehr wissen will, lese Peter Høegs schönen Roman *Fräulein Smillas Gespür für Schnee* (*Frøken Smillas fornemmelse for sne*) von 1992. Übrigens verfügt das Inari-Saamische, das im Osten der finnischen Provinz Lapi (Lappland) gesprochen wird, tatsächlich über 21 – nicht abgeleitete – Bezeichnungen für verschiedene Formen von Schnee. Diese extrem ausgefeilte Terminologie hängt mit der Spezialisierung der Saamen auf die Rentierzucht zusammen, insbesondere mit der Frage, wie das Rentier mit Schnee zurechtkommt. Sie lässt sich nur umständlich in andere Sprachen übersetzen:

ääining = »auf kahlen Boden gefallener Neuschnee, der das Verfolgen von Fährten ermöglicht«

ceeyvi	=	»bei starkem Wind entstandener Schnee, der so hart ist, dass das Ren keine Nahrung darunter suchen kann«
cuanguj	=	»Schneekruste«
čaerga	=	»dünner, harter Schnee«
čyehi	=	»harte Eisschicht unmittelbar über dem Erdboden«
kamadoh	=	»harter Harsch im Frühjahr, der kracht, wenn man darüberfährt«
kerni	=	»dünne Eisschicht auf dem Schnee«
kolšša	=	»harte, glatte Schneedecke«
lavkke	=	»auf Glatteis gefallener Schnee, wobei es so glatt ist, dass die Hufe des Rens keinen Halt finden«
muovla	=	»so weicher Schnee, dass der Ski bis auf den Bodens sinkt«
purga	=	»wirbelnder Schnee (Schneegestöber)«
rine	=	»dicker Schnee auf den Ästen der Bäume«
seeli	=	»Schnee, der von der Oberfläche bis auf den Grund weich ist«
senjes	=	»alter Schnee unter neuem hartem Schnee«
skälvi	=	»hohe Schneewehe, die wie ein Erker – am Flussufer oder um einen großen Stein herum – steht«
syeyngis	=	»weicher Schnee, in den das Ren eine Grube graben kann«
šleätta	=	»Schlackerschnee«
šohma	=	»Schneebrei auf dem Eis«
šolkka	=	»hartgetretener Schnee«
vasme	=	»dünner Neuschnee«
vocca	=	»frischgefallener Schnee, der so lose ist, das der Wind ihn weiterbläst«

Quelle: Haarmann, Weltgeschichte der Sprachen (2006), S. 59f.

Schwiegermuttersprachen

In der Welt der Aborigines müssen Männer den Umgang mit bestimmten Verwandten vermeiden, häufig die Mutter ihrer Frau. Diese an sich nicht unvernünftige Regelung führt zu gewissen Schwierigkeiten. Während bei manchen Stämmen der Kontakt zu den tabuisierten Verwandten ganz abgebrochen wird, haben sich bei anderen Sondersprachen entwickelt, mit deren Hilfe sich mit den Schwiegermüttern kommunizieren lässt. Im (heute nahezu ausgestorbenen) *Dyirbal* heißt beispielsweise die Alltagssprache Guwal und die Schwiegermuttersprache *Dyalnguy*. Sie wird verwendet, wenn die Kommunikation mit den tabuisierten Verwandten unvermeidbar ist. Die Grammatik dieser Schwiegermuttersprache ist mit derjenigen der Normalsprache identisch, allerdings ist das Vokabular viel kleiner und es werden oft Umschreibungen verwendet. Alles ist auf Indirektheit und Distanz abgestellt.

Solresol

Bereits ab 1817 entwickelte der französische Musiklehrer Jean François Sudre (1787–1862) Solresol. Populär wurde diese →Plansprache auf musikalischer Grundlage aber erst 1902 durch Boleslas Gajewskis *Grammaire du Solresol*. Leider ist die Grammatik recht umständlich, und das Vokabular leitet sich nicht von bekannten Sprachen ab und ist infolgedessen schwer auswendig zu lernen. Trotzdem ist Solresol niemals ganz in Vergessenheit geraten. Noch 1977 hat Steven Spielberg es in seinem Film *Unheimliche Begegnung der dritten*

Art (Close Encounters of the Third Kind) verwendet; die Außerirdischen kombinieren hier akustische Signale mit Gebärdensprache.

Einzigartige an Solresol ist, dass man darin nicht nur sprechend, sondern auch singend, pfeifend (→Pfeifsprache) sowie mit Musikinstrumenten kommunizieren kann; die Niederschrift ist mit Buchstaben und Noten gleichermaßen möglich. Die einzelnen Tonsilben lassen sich auch in Zahlen ausdrücken, mit Farben oder Handzeichen oder als Druck auf bestimmte Punkte der Hand des Gesprächspartners darstellen, was Solresol grundsätzlich für Hör- und Sehbehinderte brauchbar macht.

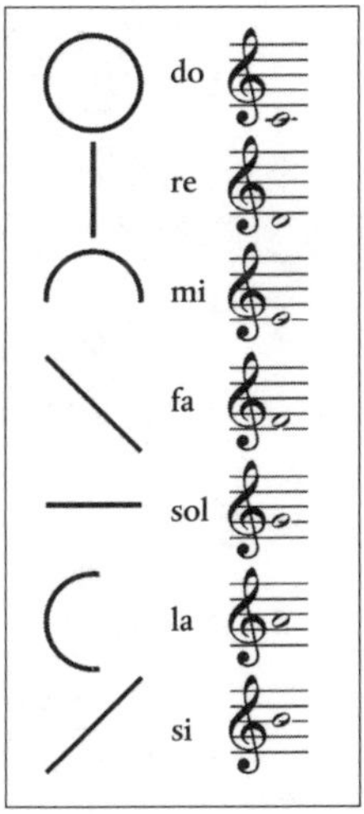

Der Wortschatz besteht aus den sogenannten Solmisationssilben: do, re, mi, fa, sol, la, si. Häufig gebrauchte Wörter setzen sich aus zwei oder drei Silben zusammen: »sie« = ja; »do« = nein; »doredo« = Zeit, »dorela« = Jahr, »doresi« = Jahrhundert. Je spezieller ein Begriff ist, desto mehr Silben kommen hinzu. Die ersten Silben zeigen an, auf welchen Bereich die Wörter Bezug nehmen. Wörter, die mit »sol« beginnen, beziehen sich beispielsweise auf Wissenschaft und Kunst, »solsol« auf Medizin oder Krankheit. Will man das Gegenteil von etwas ausdrücken, werden die Silben umgekehrt: »fala« = gut, »lafa« = schlecht; »domisol« heißt Gott, »solmido« Teufel. Insgesamt lassen sich mithilfe dieser Kombinationen über 11.700 Wörter bilden. Das klingt häufig wirklich hübsch. »Ich liebe dich« heißt: »Dore milasi domi«. Leider ist Solresol durch andere Kunstsprachen wie →Volapük und vor allem →Esperanto sehr zurückgedrängt worden.

Aber eine kleine Gruppe von Sprechern weiß ihre Vorteile zu schätzen, und durch das Internet scheint das überleben des Solresol auch heute gesichert.

Sorbisch

Die Sorben sind eine autochthone (west)slawische Sprachminderheit in Deutschland. Ungefähr 60.000 Sprecher leben heute in der Ober- und Niederlausitz. Im frühen Mittelalter haben die Sorben ein weit größeres Gebiet besiedelt, sind aber durch die deutsche Ostkolonisation sprachlich immer mehr assimiliert und auf wenige Sprachinseln zurückgedrängt worden. Das Niedersorbische (Niederlausitz, Brandenburg) steht dem Polnischen, das Obersorbische (Oberlausitz, Sachsen) dem Tschechischen nahe. In Sachsen existieren auch sorbische Schulen mit der Unterrichtssprache Sorbisch. An der Universität Leipzig wird – weltweit einzigartig – ein eigenständiger Studiengang Sorabistik angeboten.

Spaniolisch

Nach der Reconquista 1492, der Rückeroberung und Rechristianisierung der Iberischen Halbinsel durch die Nachkommen der Westgoten (→Gotisch), sind viele Juden Spaniens und Portugals (Sepharden) aus ihrer Heimat vertrieben worden und nach den Niederlanden, Italien, Nordafrika und ins Osmanische Reich ausgewandert. Diese *Spaniolen* sprachen und sprechen bis heute eine altertümliche Form des Spanischen: Spaniolisch, auch Jüdisch-Romanisch, Ladino oder Gudezmo genannt. Heute ist Spaniolisch noch in Bulgarien, Griechenland und den USA lebendig. Zwei Drittel der insgesamt um die 150.000 Sprecher leben in Israel, wo das Spaniolische stark vom →Ivrit verdrängt wird. Der berühmteste Spaniole zwar zweifellos der im bulgarischen Rustschuk (heute Russe) geborene Literaturnobelpreisträger Elias Canetti (1905–1994), der allerdings auf Deutsch schrieb. In der Geschichte seiner Jugend, *Die gerettete Zunge* (1977), schreibt er:

> »Die ersten Kinderlieder, die ich hörte, waren Spanisch, ich hörte alte spanische ›Romances‹, was aber am kräftigsten war und für ein Kind unwiderstehlich, war eine spanische Gesinnung. Mit naiver Überheblichkeit sah man auf andere Juden herab, ein Wort, das mit Verachtung geladen war, lautete ›Todesco‹, es bedeutete einen deutschen oder aschkenasischen Juden.«

Sprachgenies

Wie viele Sprachen ein Mensch zu lernen in der Lage ist, weiß man nicht. Als eines der größten Sprachgenies aller Zeiten galt lange Zeit der vatikanische Bibliothekar Kardinal Giuseppe Caspar Mezzofanti (1774–1849). Er soll 57 Sprachen verstanden und 12 perfekt gesprochen haben (darunter Hebräisch, Arabisch, Türkisch und Chinesisch). Im Italienischen ist *un Mezzofanti* ein Synonym für eine polyglotten Menschen. Der englische Diplomat Sir John Bowring (1792–1872) hat angeblich 100 Sprachen gesprochen und in weiteren 100 gelesen – was denn doch ein bisschen übertrieben klingt. Der spanische Jesuit und bedeutende Sprachwissenschaftler Lorenzo Hervás y Pandura (1735–1809) soll auf an die 40 Sprachen gekommen sein. Der Abenteurer und Forschungsreisende Sir Francis Burton (1821–1890), dessen Leben Ilija Trojanow in seinem Roman *Der Weltensammler* erzählt, soll immerhin 30 Sprachen gesprochen haben, darunter Hindi, Marathi, Sindhi, Panjabi und weitere indische Sprachen. Der Sinologe und Dolmetscher der deutschen Gesandtschaft in Peking, Emil Krebs (1867–1930), beherrschte 68 Sprachen perfekt (auch Finnisch und Baskisch). Nach Krebs' Tod hat der Hirnforscher Oskar Vogt (1870–1959) – der auch Lenins Hirn untersucht hat, siehe Tilman Spenglers gleichnamigen Roman – sein Gehirn entnommen. Als sogenanntes Elitegehirn wird es noch heute im C. u. O. Vogt-Institut für Hirnforschung der Düsseldorfer Universität aufbewahrt. Als größtes lebendes Sprachgenie gilt mit 31 Sprachen der belgische Architekt, Slawist und Orientalist Johann Vandewalle (geboren 1960). Seine Lieblingssprache ist Türkisch, weil diese Sprache für ihn an logischer Schönheit alle anderen Sprachen weit übertrifft. Englisch, Französisch, Russisch und Deutsch sind für ihn »die unvermeidlichen, langweiligen Hilfssprachen.« Der junge Bonner Indogermanist Sebastian Heine hat allerdings nicht weniger als 35 Sprachen gelernt, darunter Altpersisch, Ossetisch, Urdu, Hindi, Panjabi, Sindhi, Kurmandschi-Kurdisch, Sanskrit, Pali, Altirisch, Usbekisch, Aramäisch und Arabisch. Sein Favorit ist Paschtu.

Allgemein ist es sehr selten, dass ein Mensch mehr als zwei oder drei Sprachen gleich gut spricht. Ob extreme Sprachbegabung genetisch bedingt ist oder sich einfach dem

Willen (etwa zur Integration) verdankt, darüber sind sich Neurologen und Sprachwissenschaftler heute nicht einig. Krebs' Hirn wies jedenfalls im Broca-Zentrum, dem Hirnareal, das für die Sprachproduktion zuständig ist, eine bessere Verschaltungsstruktur auf als alle Kontrollhirne.

Sumerer

Im südlichen Mesopotamien blühte ab dem 4. Jahrtausend v. Chr. die Kultur der Sumerer. Das Sumerische ist, soweit man weiß, mit keiner bekannten Sprache verwandt. Es hat alle möglichen Versuche gegeben, sie in eine Beziehung zu den drawidischen, altaischen, kaukasischen und anderen Sprachen (auch dem →Baskischen) zu setzen, aber keine dieser Theorien vermag so recht zu überzeugen. Ab dem 2. Jahrtausend v. Chr. starb das Sumerische langsam aus, zumindest als gesprochene Sprache. Als Wissenschafts- und Literatursprache hat es im Vorderen Orient, ähnlich dem Lateinischen in Europa, noch viele Jahrhunderte lang eine Rolle gespielt. Manches aus der sumerischen Überlieferung gehört zur Weltliteratur, am bekanntesten ist das Gilgamesch-Epos, das angeblich von dem Dichter Sin-lege-unnini stammt, der im 12. Jahrhundert v. Chr. gelebt hat. Außer den Heldentaten des Königs Gilgamesch enthält es auch eine Erzählung über eine große Sintflut; die Figur Utnapischtim erinnert an den biblischen Noah. In der *Star-Trek*-Folge *Darmok* erzählt Captain Picard einem im Sterben liegenden Alien Teile des Gilgamesch-Epos.

Den Sumerern verdanken wir neben der Einteilung der Woche in sieben Tage vor allem die Erfindung der Schrift

(→Vinča-Schrift). Nachdem sich die Sumerer eine Weile mit piktographischen Zeichen (wohl in erster Linie zu rituellen Zwecken) beholfen haben, erfanden sie die Keilschrift, die in der Folge von allen Kulturen, die mit den Sumerern in Kontakt standen – Akkadern, Elamitern, Urartäern, Ugaritern, Hethitern, Persern – übernommen, den lautlichen Bedürfnissen der jeweiligen Sprache angepasst und entsprechend weiterentwickelt wurde. Keilschrift-Texte sind vor allem auf Akkadisch überliefert, das sich ins Babylonische und Assyrische gliedert, die als gesprochene Sprachen mehr als zweieinhalbtausend Jahre in Gebrauch gewesen sind. Die Keilschrift ist bei weitem die erfolgreichste aller Schriftarten gewesen, die im Nahen und Mittleren Osten erfunden wurden, nahezu das gesamte damalige Wissen über die Welt ist in ihr niedergeschrieben. Eigentlich ist es erstaunlich, wie sie so sang- und klanglos verschwinden konnte. Als Schreibtechnologie hat sie keine Nachfolger gehabt.

Die Sumerer haben mit ihrer Prägung der altorientalischen Kultur auf das Abendland entscheidenden Einfluss genommen. Wir wissen seit Langem, dass die Lebensanschauungen des Alten Testaments keineswegs exklusiv israelitisch-jüdisch sind, sondern oft allgemein mesopotamisch.

Thorn

Thorn (þ) ist die einzige →Rune – es handelt sich um die Rune Thurisaz oder eben altenglisch þorn –, die es ins lateinische Alphabet geschafft hat, nämlich in das altenglische und altnordische. Auch in der Umschrift des →Gotischen wird Thorn meist für »th« gesetzt. Heute kommt »þ« noch im Isländischen vor (zum Beispiel: »þýkaland« = Deutschland). Thorn steht für den interdentalen Frikativ, also das englische *th*. Im Englischen selbst ist es leider im Laufe des 14. Jahrhunderts verloren gegangen und durch »th« ausgetauscht worden. Es gab aber auch die Variante, »þ« durch »y« zu ersetzen (→Ypsilon). Das geschah offenbar, weil sich ein þ im Setzkasten der Drucker immer seltener fand und das Y ohnehin als Platzhalter für alle möglichen anderen Buchstaben verwendet wurde. Heute wird die Schreibung mit Ypsilon gerne verwendet, um Altertümlichkeit vorzutäuschen: »ye olde pub«, »ye olde gift shoppe«, »ye olde marmalade«

und ähnliches. Das »ye« wird dabei korrekterweise wie »the« ausgesprochen.

Tocharisch

1908 entzifferten die deutschen Indologen Emil Sieg (1866–1951) und Wilhelm Siegling eine Reihe zentralasiatischer Handschriftenfragmente und identifizierten die Sprache als indoeuropäisch (→indoeuropäische Sprachen). Sprachwissenschaftlich war das eine Sensation: Weit entfernt von Europa, im nördlichen Teil Chinesisch-Turkestans, ist einmal eine indoeuropäische Sprache gesprochen worden! In den buddhistischen Höhlenklöstern bei Kuca an der nördlichen Seidenstraße hatten die preußischen Turfanexpeditionen bereits 1906 Freskenmalereien entdeckt, auf denen Tocharer abgebildet sind. Sie sind hochgewachsen und haben blonde und rötliche Haare. Heute nimmt man an, dass sie aus dem östlichen Europa nach Nordwestchina eingewandert waren. Die Mumien, die im Tarim-Becken gefunden worden sind, weisen ebenfalls europäide Merkmale auf; Ornamentik und Webtechnik textiler Überreste belegen eine westliche Herkunft der Tocharer. Zudem weist das Tocharische mit den westlichen indoeuropäischen Sprachen eine nähere Verwandtschaft auf als mit dem Indo-Iranischen. Der tocharische Wortschatz enthält allerdings zahlreiche Lehnwörter aus dem Türkischen, Persischen und Sanskrit. Als im 7. Jahrhundert chinesische Truppen das tocharische Reich zerstörten, bedeutete das für dessen Kultur den Niedergang. Letzte Zeugnisse der tocharischen Sprache finden sich aber noch aus dem 12. Jahrhundert.

Die erhaltenen Schriftdokumente (in einer Variante der indischen Brahmi-Schrift) stammen aus dem 6. bis 8. Jahrhundert n. Chr., sie sind in Klosterruinen an der Seidenstraße gefunden worden und stehen in Zusammenhang mit der Verbreitung des Buddhismus in Zentralasien (das später weitgehend islamisiert wurde). Es handelt sich um Übersetzungen und freie Nachschöpfungen religiöser buddhistischer Texte. Allerdings wurde zu dieser Zeit kein Tocharisch mehr gesprochen, es diente nur noch der uigurischen Bevölkerung als Ritualsprache.

Heute dürfen sich vielleicht fünf oder sechs Menschen als Kenner der tocharischen Schrift, als *Tocharologen* bezeichnen. Einer davon, der Saarbrücker Indogermanist Klaus Schmidt, ist sogar imstande, Texte aus dem Stegreif zu übersetzen – was ihn in China einmal in eine heikle Lage brachte: »Bei einem Schriftstück, das offenbar aus einem Freudenhaus stammte, wusste ich wirklich nicht, ob ich den Text den anwesenden Größen aus Partei und Militär übersetzen sollte.«

Tomanisch

In Charlie Chaplins Film *Der große Diktator (The Great Dictator,* 1940) beherrscht Anton Hinkel das Reich Tomanien und terrorisiert die darin lebenden Juden und Andersdenkenden. Der Film ist eine überdeutliche Satire auf die Herrschaft der Nationalsozialisten in Deutschland. Einige Namen – darunter *nicht* »Jude«, »Arier«, »Konzentrationslager« oder »Ghetto« – tauchen dabei in verfremdeter Form auf:

Adenoid Hynkel = Adolf Hitler*
Bacteria = Italien
Benzino Napoloni = Benito Mussolini
Feldmarschall Herring = Hermann Göring
Garbitsch = Joseph Goebbels
= (engl. »garbage« = Müll)
Osterlich
(sprich: »Osterlitsch«) = Austria/Österreich
Tomania = Germania/Deutschland

Während Schilder und Ladenbeschriftungen im Ghetto im von den Nazis bekämpften →Esperanto erscheinen, hält Hinkel seine Reden auf Tomanisch, einem teils unverständlichen, teils aus englischen und deutschen Versatzstücken (»Wiener Schnitzel«, »Sauerkraut«) zusammengesetzten Idiom. Dabei benutzt er mehrfach den Ausdruck »Schtonk!«, was in den Untertiteln mit »wird abgeschafft« übersetzt wird: »Demokratsie Schtonk! Liberty Schtonk! Free Sprecken Schtonk!« Helmut Dietl verwendete das Wort 1992 als Titel für seinen Film über die Affäre um die angeblichen Hitler-Tagebücher.

Türkisch

Die Vorfahren der Türken sind im 9. Jahrhundert n. Chr. aus Sibirien Richtung Persien gezogen, wo sie unter dem mythi-

* In der deutschen Synchronisation heißt er Anton, wodurch leider der Witz verloren geht: »adenoids« sind Rachenpolypen. Übrigens hat ein gewisser Hans Hinkel (1901–1960) im Reichsministerium für Volksaufklärung und Propaganda 1942 die Filmabteilung übernommen.

schen Seldschuk, der sich zum Islam bekehrte, ein Reich gründeten. Von dort aus bedrohten die *Seldschuken,* nach Anatolien vordringend, ein paar Jahrhunderte lang das Byzantinische Kaiserreich, das 1453 mit dem Fall Konstantinopels endgültig unterging. Bis zum Anfang des 20. Jahrhunderts hatten die (nach einer Herrscherdynastie benannten) Osmanen auch weite Teile Südosteuropas besetzt. Türkisch gehört zu den Turksprachen, die wiederum zur Gruppe der altaischen Sprachen zählen. Kaum eine Sprache – von der mongolischen vielleicht abgesehen – ist in so vielen unterschiedlichen Alphabeten geschrieben worden. Aus dem 8. Jahrhundert sind Texte in einer sibirischen Runenschrift (Orchon-Runen) überliefert, es gibt aber auch Zeugnisse in der altindischen Brahmi-Schrift, in uigurischen und sogar tibetischen Schriftarten, dann in georgischer, griechischer, armenischer, hebräischer, aramäischer, →kyrillischer, lateinischer und syrischer Schrift. Seit der Übernahme des Islam benutzten die Türken dann über viele Jahrhunderte die arabische Schrift. 1926 wurde auf einem Turkologenkongress in Baku die Einführung der lateinischen Schrift bei allen Turkvölkern und ein einheitliches türkisches Alphabet gefordert. 1928 setzte Mustafa Kemal (seit 1934 *Atatürk* = »Vater der Türken« genannt) (1881–1938), der selbst an dem Kongress teilgenommen hatte, diese Idee in der Türkei durch. Die Neuschreibung, an deren Entwicklung Atatürk selbst mitwirkte, wurde auf der Grundlage des Istanbuler Dialekts geschaffen. Die arabischen und persischen Lehnwörter, die im osmanischen Türkisch sehr zahlreich waren, wurden nach Möglichkeit durch türkische Neubildungen ersetzt.

Turmbau zu Babel

Die Erzählung vom Turmbau zu Babel (Genesis 11,1–9) lautet in der alten Lutherübersetzung (→Bibelübersetzungen):

> »Es hatte aber alle Welt einerley Zungen und Sprache. Da sie nu zogen gen Morgen / funden sie ein eben Land / im lande Sinear / vnd woneten daselbs. Vnd sprachen vnternander / Wolauff / lasst vns Ziegel streichen vnd brennen / Vnd namen ziegel zu stein / vnd thon zu kalck / vnd sprachen / Wolauff / Lasst vns eine Stad vnd Thurn bawen / des spitze bis in den Himel reiche / das wir vns einen namen machen / Denn wir werden vielleicht zerstrewet in alle Lender.
>
> DA fur der HERR ernider / das er sehe die Stad vnd den Thurn / die die Menschenkinder baweten. Vnd der HERR sprach / Sihe / Es ist einerley Volck vnd einerley Sprach vnter jnen allen / vnd haben das angefangen zu thun / sie werden nicht ablassen von allem das sie furgenommen haben zu thun. Wolauff / lasst vns ernider faren / vnd jre Sprache da selbs verwirren / das keiner des andern sprache verneme. Also zerstrewet sie der HERR von dannen in alle Lender / das sie musten auffhören die Stad zu bawen / Da her heisst jr name Babel / das der HERR daselbs verwirret hatte aller Lender sprache / vnd sie zerstrewet von dannen in alle Lender.«

Tatsächlich haben Archäologen in den Ruinen Babylons einen »Turm zu Babel« gefunden, nämlich die Zikkurat (babylonisch: »hoch aufragend«; »Himmelsberg«) von Etemenanki, die dem Gott Marduk geweiht war. Wahrscheinlich war die Zikkurat tatsächlich als »Himmelstreppe« gedacht, auf der die Götter, gleichsam auf halbem Wege zwischen Himmel und Erde, Platz nehmen sollten. Der erstaunliche Athanasius Kircher hat 1679 ausgerechnet, dass bei einer angenommenen Entfernung zwischen Himmel und Erde von 265.380 Kilometern ungefähr 4.500.000 Arbeiter nicht weniger als 3.400 Jahre ununterbrochen bauen müssten. Außerdem hätte das Gewicht eines solchen Bauwerks dasjenige der Erde selbst übertroffen und die Erde aus dem Mittelpunkt des Universums gehoben.

In der christlichen Tradition gilt der Turmbau zu Babel als Erklärung für die Sprachvielfalt und zugleich als Sinnbild menschlicher Selbstüberhebung. Noch nach der Sintflut hatte die Menschheit »einerlei Zunge und Sprache«, aber ihre Hybris verleitete sie dazu, mit Gott zu wetteifern und den fatalen Turm zu bauen. Um diesen Übermut zu bestrafen (und den Turmbau zu verhindern), zerstört Gott den Bau, zerstreut die Menschen in alle Länder und verwirrt ihre Sprache.

Üblicherweise wird die Sprachverwirrung als großes Unglück angesehen, und es sind verschiedene Versuche unternommen worden, etwa durch Erfindung von Universal- und →Plansprachen, sie wieder rückgängig zu machen. Indes findet sich in der Bibel, kurz vor der Turmbau-Geschichte, eine Stelle, die eine Alternative zu dieser Interpretation bietet. In Genesis 10 ist von der Zerstreuung der Geschlechter der Söhne Noahs, Sem, Ham und Japhet, nach der Sintflut die Rede. Die Aufzählung der Nachkommen und ihrer Wohnstätten endet jeweils mit der Formel: »Das sind die Söhne [Japhets, Hams, Sems] nach ihren Ländern, ihren

Sprachen, Geschlechtern und Völkern.« Folgt man der Bibel, hat es also schon vor der großen Sprachverwirrung unterschiedliche Sprachen gegeben! Aber Genesis 10 ist schlicht verdrängt oder zumindest marginalisiert worden. Sicherlich weil der Turmbau für Literatur und Kunst das dramatischere Sujet liefert, aber gewiss auch, weil die Stelle ziemlichen Explosivstoff enthält. »Wenn die Sprachen«, schreibt Umberto Eco in seinem Buch *Die Suche nach der vollkommenen Sprache,* »sich nicht aufgrund einer göttlichen Züchtigung differenziert haben, sondern aufgrund ihrer natürlichen Tendenzen, warum ist dann die Verwirrung als ein Unglück zu verstehen?«

U

UBYCHISCH

Das Ubychische gehörte zu den nordwestkaukasischen Sprachen. Sein letzter Sprecher, Tevfik Esenç, der Ubychisch von seinen Großeltern gelernt hatte, starb am 7. Oktober 1992 mit 88 Jahren in dem türkischen Dorf Hacı Osman. Ursprünglich lebten die ungefähr 50.000 Ubychier nordöstlich des Schwarzen Meeres in der Gegend von Sotschi, wo 2014 die Olympischen Winterspiele stattfinden sollen, wurden aber von den Russen, die 1864 dieses Gebiet eroberten, in die Türkei vertrieben. Dort assimilierten sich die Ubychier bald und fingen an, Türkisch oder Kirkassisch, eine andere Kaukasus-Sprache, zu sprechen. Glücklicherweise hat Herr Esenç, nicht nur ein ausgezeichneter Kenner der Sprache, sondern auch der ubychischen Mythologie und Kultur, sich geduldig von Linguisten befragen lassen, sodass heute tausende Seiten Material über das Ubychische sowie zahlreiche Tonbandaufnahmen vorliegen. Das Ubychische gilt als sehr altertümlich (→Neandertaler) und als Sprache mit den weltweit meisten Konsonanten (insgesamt 82), nur einige Khoisan-Sprachen haben möglicherweise noch mehr zu bieten. Manche Sprachwissenschaftler bringen es mit Hattisch, der Sprache des alten Hethiterreichs, das 2000 v. Chr. in Anatolien bestanden hat, in Verbindung.

Uhrzeiten

Die Angabe von Uhrzeiten ist regional unterschiedlich. Allgemein wird 12:15 Uhr im gesamten Nordwesten Deutschlands als »Viertel nach zwölf« bezeichnet, 12:45 Uhr als »Viertel vor eins«. In Teilen Süddeutschlands, Österreichs, Sachsens, Thüringens, aber auch in Sachsen-Anhalt, Brandenburg, Mecklenburg und in Berlin heißt es dagegen »Viertel eins« beziehungsweise »dreiviertel eins«. Während im Nordwesten für 12:20 Uhr »zwanzig nach zwölf« und für 11:40 Uhr »zwanzig vor zwölf« üblich ist, sagt man in Brandenburg »zehn vor halb eins« und »zehn nach halb zwölf«. In Sachsen heißt es für: »Es ist zwölf Uhr« auch: »Es ist um zwölf« oder nur »Es ist jetzt ›um‹«.

Univokalismus

Univokalismus liegt vor, wenn Texte nur einen einzigen Vokal enthalten – was die Ausdrucksmöglichkeiten noch mehr einschränkt als beispielsweise beim →Leipogramm. Nichtsdestotrotz (oder gerade deswegen) gibt es univokale Gedichte wie das Couplet aus einem Werk Charles Carroll Bombaughs (1828–1906):

No cool monsoons blow soft on Oxford dons,
Orthodox, jog-trot, book-worm Solomons

Leider liegt Bombaughs Werk noch nicht vollständig gedruckt vor, aber schon die Auswahl *Gleanings from the Harvest-Fields of Literature. A Melange of Excerpta, Curious, Humorous, and Instructive* (1870) bietet reichlich kurioses Material.

In *Eunoia* (2001) des kanadischen Experimentalpoeten Christian Bök (eigentlich Christian Book, geboren 1966) kommt in jedem Kapitel nur ein Vokal vor. Es handelt sich also um ein Leipogramm aus Univokalismen!

Auf Deutsch geht das mit dem Univokalismus auch:

»Wer edel denkt, erkennt den Wert des Lebens.«

Unserdeutsch

Unserdeutsch (oder *Rabaul Creol German)* ist neben dem →Küchendeutsch die zweite Deutsch-basierte Kreolsprache (→Pidgins und Kreolsprachen). Sie wird in Rabaul in Papua-Neuguinea und im nordöstlichen Australien in der Umgebung von Brisbane gesprochen. Unserdeutsch ist während der Kolonialzeit unter den Kindern in den deutschen Waisenhäusern auf Papua-Neuguinea entstanden. Heute gibt es kaum mehr hundert und dazu meist ältere Sprecher, sodass Unserdeutsch in absehbarer Zeit ausgestorben sein wird.

Ein Gebet der Bahai lautet auf Unserdeutsch:

I bezeugen, O mein Gott, Du has geschaffen mi, fi erkennen du und fi beten zu du. I bezeugen in diese Moment mein Schwäche und dein Mach, mein Armut und dein Reichtum. Is ni ein anders Gott, nur Du, de Helfer in Gefahr, de Selbstbestehender.

V

Vandalen

Seit dem Mittelalter wird der Name des germanischen Volkes der Vandalen als Synonym für zerstörungswütige Barbaren benutzt. Zwar haben die Vandalen im Jahre 455 Rom geplündert, aber kaputtgemacht haben sie es nicht, sondern alles von Wert fein säuberlich eingepackt und mit nach Nordafrika genommen. Auch sonst waren sie nicht kriegerischer oder zerstörungswütiger als andere Völker ihrer Zeit. Das Klischee und das Wort Vandalismus *(vandalisme)* verdanken wir einem Franzosen, dem Bischof von Blois Henry-Baptiste Grégoire (1750–1831), der in seiner Schrift *Rapport sur les destructions opérées par le vandalisme* von 1794 die sinnlosen Morde und die Zerstörung von Kunstwerken der radikalen Jakobiner im Anschluss an die Französische Revolution anprangerte. 1798 wurde *vandalisme* von der Académie Française in das französische Wörterbuch aufgenommen und verbreitete sich von da an in alle möglichen Sprachen: »vandalism« (englisch), »vandalismo« (italienisch, spanisch), »vandalismi« (finnisch), »wandalizm« (polnisch), »vandallık«

(türkisch) und so weiter. Ansonsten hat sich der Name der Vandalen nur in der spanischen Landschaft Andalucía erhalten, wo die Vandalen eine Zeit lang gesiedelt haben und das später unter arabischer Herrschaft *Al-Andalus* hieß.

Verdeutschung

Der deutsche Dichter und Sprachpurist Philipp von Zesen (1619–1689) hat für eine ganze Reihe von Fremdwörtern Verdeutschungen vorgeschlagen. Einige haben auch tatsächlich Eingang in die deutsche Sprache gefunden und werden noch heute gebraucht, andere – leider oft die schönsten – sind auf dem Müllhaufen der Sprachgeschichte gelandet. Zesen wollte am liebsten alle Fremdwörter ausmerzen und durch Neubildungen ersetzen, sogar die antiken Götter sollten umbenannt werden: zum Beispiel Flora = Bluhminne, Venus = Liebs-Lustinne.

Erfolgreiche Verdeutschungen:

Adresse = Anschrift
Apposition = Beifügung
Autor = Verfasser
Bibliothek = Bücherei
Credo = Glaubensbekenntnis
Derivation = Ableitung
Devise = Wahlspruch
Dialekt = Mundart
Distanz = Abstand
Epigramm = Sinngedicht
Exkursion = Ausflug
Fundament = Grundstein
Horizont (Panorama) = Gesichtskreis
Insekt = Kerbtier
Kolorit = Farbgebung
Komma = Beistrich
Märtyrer = Blutzeuge
Moment = Augenblick
Mortalität = Sterblichkeit
Nekrolog = Nachruf
Parvenü = Emporkömmling
Passion = Leidenschaft
Plenipotenz = Vollmacht
Pol = Angelpunkt
Projekt = Entwurf
Republik = Freistaat
Rezension = Besprechung
Tempel = Gotteshaus
Testament = letzter Wille
Universum = Weltall
Zirkulation = Kreislauf

Erfolglose Verdeutschungen:

Altar = Kirchentisch
Amor = Lustkind
Anatom = Entgliederer
Botaniker = Krautschreiber
Chemie = Scheidekunst
Elektrizität = Blitzfeuererregung
Fenster = Tageleuchter
Grotte = Lusthöhle
Harem = Weiberhof
Ironie = Schalksernst
Kloster = Jungfern- bzw. Mannszwinger
Mumie = Dörrleiche
Nase = Gesichtserker
Natur = Zeugemutter
Papst = Erzvater
Parodie = Spottnachbildung
Patriot = Leuthold
Pistole = Meuchelpuffer
Pyramide = Spitzgebäude
querulieren = klägeln (klagen)
Religion = Gottestum
Sofa = Lotterbett

Vinča-Schrift

Im Jahre 1875 entdeckten Archäologen im rumänischen Turda Gegenstände mit bislang unbekannten Symbolen. 1908 kam ein ähnlicher Fund in Vinča, einem Vorort von Belgrad, ans Tageslicht. In der Folge fand man in ganz Südosteuropa mehr als tausend Stücke mit den geheimnisvollen Zeichen, meist auf Keramik-Gefäßen und kleinen Figuren. Die Funde stammen aus der Zeit von 6000 bis 4000 v. Chr. Teils bestehen diese Zeichen aus Strichen und Kreuzen, teils aus Tierdarstellungen. Ob es sich dabei um eine Schrift und wenn ja, um welche Art von Schrift (Logogramme, Silbenzeichen, alphabetische Zeichen) handelt, wird heute kontrovers diskutiert. Normalerweise wird der Gebrauch von Schrift nur Hochkulturen zugetraut – was die Vinča-Kultur eindeutig nicht gewesen ist. Zwar ist insgesamt eine große Anzahl von Symbolen gefunden worden, auf den einzelnen Funden sind aber immer nur wenige Zeichen abgebildet, sodass es sich kaum um komplexe Texte handeln kann. Es liegt nahe, dass die Symbole religiösen Zwecken dienten. Dagegen wiederum spricht, dass sie gewöhnlich an Abfallorten gefunden wurden und sich oft am Gefäßboden finden – zumindest ein ungewöhnlicher Ort für religiöse Symbole.

Falls die Zeichen jedoch tatsächlich eine Form von Schrift sein sollten, wäre das eine Sensation. Das hieße nämlich, dass die Schrift ungefähr tausend, vielleicht sogar zweitausend Jahre vor den →Sumerern, die als Erfinder der Schrift gelten, in Südosteuropa erfunden worden wäre. Ein sumerischer Import der Schrift nach Europa kommt eigentlich nicht in Frage, schon weil die Vinča-Zeichen mit der altsumerischen Bilderschrift kaum Ähnlichkeiten aufweisen. Der Sprachwissenschaftler Harald Haarmann hält sie im Gefolge der Hauptverfechterin der Schrift-Theorie, der litauischen Archäologin Marija Gimbutas (1921–1994), für eine Schrift, und zwar mit religiöser Funktion: »Offenbar war die Verwendung der Schrift im alteuropäischen Zivilisationskreis ein Mittel der Kommunikation zwischen Menschen und Gottheiten. Das Schreiben stand jeweils im Zusammenhang mit religiösen Zeremonien, so mit der Anrufung einer Gottheit, mit dem Weihen von Votivgaben für die Gottheit, mit Fruchtbarkeitsritualen, mit Opferhandlungen, Bestattungsriten und mit dem Ahnenkult.« Allerdings stimmen viele Archäologen und Linguisten dieser Interpretation nicht zu.

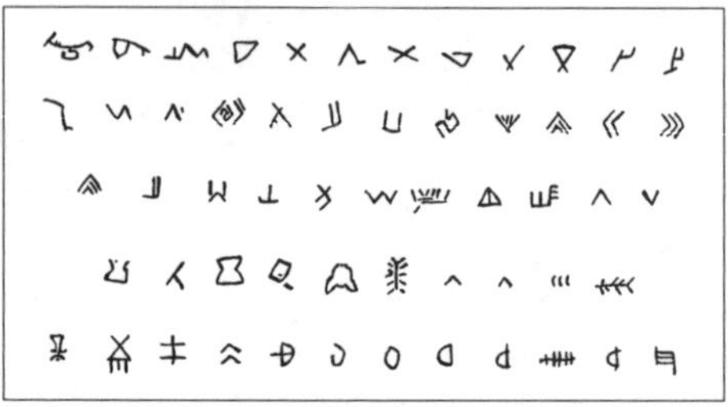

Volapük

Volapük war nach →Solresol die zweite →Plansprache, die eine nennenswerte Verbreitung gefunden hat. Der Name setzt sich zusammen aus den englischen Wörtern »world« und »speak«, bedeutet also »Weltsprache«. Geschaffen hat sie der Pfarrer und spätere Prälat Johann Martin Schleyer (1831–1912) aus Oberlauda (heute Stadtteil von Lauda-Königshofen). Anfangs konnte Volapük beachtliche Erfolge verbuchen. Angeblich soll die Anhängerzahl 100.000 betragen haben, wobei unsicher ist, wie viele davon die Sprache tatsächlich beherrscht haben. Immerhin hat es 1.000 diplomierte Lehrer gegeben. Allerdings ging es mit Volapük dann schnell bergab. Die Sprache erwies sich als eher schwer erlernbar, weil die Grammatik unnötig kompliziert war und der Wortschatz zwar aus verschiedenen europäischen Sprachen stammte, im Einzelnen aber so verändert wurde, dass ein Wiedererkennungseffekt kaum vorhanden war. Beispielsweise machte Schleyer aus dem englischen »form« *fom*, mit der Begründung, dass chinesischen Lernenden das Aussprechen des R Probleme bereitete. Immerhin hat sich also der Prälat über die Bedürfnisse nichteuropäischer Sprecher Gedanken gemacht.

Leider führte Schleyer, der seine Ideen für göttliche Eingebung hielt (2001 wurde seine Seligsprechung initiiert), die Volapük-Akademie mit eisernem Regiment und betrieb eine sehr restriktive Politik, was die Einführung neuer Wörter anging. Viele Anhänger verließen die Bewegung. 1888 trat beispielsweise der Nürnberger Volapük-Verein geschlossen zum →Esperanto über. Zwar hat es in den 20er- und 30er-Jahren noch Reformbemühungen gegeben, waren eine neue Leitgrammatik und ein neues Wörterbuch entstanden, aber Volapük geriet gegenüber dem Esperanto immer mehr ins Hintertreffen. Heute wird es nur noch von wenigen Menschen beherrscht. Im Dänischen wird das Wort »volapyk« synonym gebraucht für absichtlich Unverständliches oder Fachchinesisch. Die Transliteration →kyrillischer Buchstaben in Computersysteme mit lateinischem Alphabet heißt im slawischen Sprachraum ebenfalls »Volapuk«.

Die Volapükhymne von Franz Zorell:

Volapükahüm
Sumolsöd stäni blodäla!
Dikodi valik hetobs;
Tönöls jüli baladäla
Volapüke kosyubobs,
Vokobsöz ko datuval:
»Menade bal, püki bal!«

Deutsche Übertragung:
Friede, Brudersinn zu pflegen
Eintrachtsinn sei unser Panier!
Jauchzet diesem Werk entgegen!
»Eine Sprache«, ruft mit mir
»Gelte auf dem Erdenrund!
Das erstrebe unser Bund!«

Voynich-Manuskript

Im Jahre 1912 entdeckte der amerikanische Antiquar Wilfrid Voynich (1865–1930) in der Bibliothek des Jesuitenkollegs Nobile Collegio Mondragone in der Villa Mondragone bei Frascati ein eigenartiges Manuskript. Er schreibt über den Fund: »Es wäre ein hässliches Entlein, verglichen mit den andern, mit Gold und Farben reich verzierten Manuskripten, dass meine Neugier sogleich erregt war. Ich stellte fest, dass es vollständig in einer Geheimschrift geschrieben war.«

Voynich selbst vermutete zunächst Roger Bacon (gestorben 1292/94) als Verfasser des Manuskripts. Später soll der berühmte englische Alchimist und Mystiker John Dee (1527–1608) in seinen Besitz gelangt sein und es in Prag Kaiser Rudolf II. verkauft haben. In seinem (zu Unrecht wenig bekannten) Roman *Der Engel vom westlichen Fenster* (1927) erzählt Gustav Meyrink die Episode. An die Entschlüsselung des Manuskripts hat sich Voynich selbst nicht herangewagt, sondern sie Experten überlassen, die er für geeignet hielt. Seitdem haben sich Legionen von Historikern, Philologen, Kryptologen, aber auch Vertreter vieler anderer Fachgebiete an die Entschlüsselung gemacht. Bis heute konnte niemand eine überzeugende Lösung finden.

Das später nach Voynich benannte Manuskript trägt weder Titel noch Verfassernamen. Neben dem Text enthält es eine Anzahl von Abbildungen, die jedoch wohl erst nach dessen Niederschrift entstanden sind, weil sie sich der Schrift anpassen, sie gleichsam umfließen. Die Deutung des Inhalts hängt, solange die Schrift unlesbar bleibt, wesentlich von diesen Bildern ab. Allerdings geben die Abbildungen ihrerseits viele Rätsel auf, und ihre Interpretation bleibt wiederum ohne eine Erklärung durch den Text höchst unsicher. Was man sagen kann, ist, dass offenbar in dem Manuskript mehrere Themen oder Wissensgebiete abgehandelt werden. Abbildungen von Pflanzen deuten beispielsweise auf eine kräuterkundliche Sektion hin, kreisförmige Diagramme mit Sonne, Mond und Sternen verweisen auf astronomische Inhalte. Am merkwürdigsten ist ein Abschnitt des Manuskripts, in dem Gruppen nackter Frauen mit gewölbten Bäuchen dargestellt sind, die in Becken oder Wannen sitzen, welche durch Leitungen und Röhren miteinander verbunden sind und in seltsame, teils mechanisch, teils organisch aussehende, Endstücke münden. Ob es hier um Anatomie geht oder bäderkundliche Themen behandelt werden, ist unklar.

Was die Schrift angeht, lässt sich eindeutig sagen, dass sie von links nach rechts geschrieben ist und von zwei oder mehreren (Ab-)Schreibern in ungefähr 35.000 Wörtern, wobei in einigen Fällen nicht klar ist, ob es sich um einzelne Zeichen oder eine Ligatur mehrerer Zeichen handelt. Das zugrundeliegende Alphabet dürfte 20 bis 30 Zeichen umfassen.

Möglicherweise liegt die Lösung aller Rätsel aber eben darin, dass es keine gibt. 2003 gab der Computerspezialist Gordon Rugg als Ergebnis seiner langjährigen Forschungen bekannt, dass das Voynich-Manuskript nur Unsinn enthalten könne. Rugg hatte sich gar nicht auf eine Dechiffrierung eingelassen, sondern mit Hilfe bekannter Verschlüsselungsmethoden des 16. Jahrhunderts eine mögliche Entstehung des Textes rekonstruiert. Texte, die er mit den alten Verfahren erstellte, ähnelten dem Voynich-Manuskript in auffälliger Weise. Der Linzer Physiker und Informatiker Andreas Schinner hat im Jahre 2007 Ruggs Ergebnis bestätigt. Er verglich statistische Eigenschaften des Voynich-Manuskripts mit denjenigen bekannter Werke wie der Bibel oder *Alice im Wunderland*. Das Voynich-Manuskript wich von allen anderen Texten erheblich ab. »Während normale Texte immer gewisse Unregelmäßigkeiten im Kurvenverlauf zeigen, fällt beim Voynich-Text der mathematisch nahezu perfekte Kurvenverlauf auf«, erklärt Schinner. Vor allem stünden ähnliche Wörter im Manuskript häufig nebeneinander, menschliche Autoren vermeiden solche Wortwiederholung nach

Möglichkeit. Die Sprache des Voynich-Manuskripts wäre demnach das Ergebnis eines stochastisch konstruierten Verfahrens.

Ein Beweis für die Betrugstheorie ist das alles zwar nicht, aber die Chance, dass das Voynich-Manuskript dennoch irgendwelche tiefen Weisheiten enthält, tendiert nach Ruggs und Schinners Ergebnissen nahe gegen null. Deswegen haben inzwischen auch – bis auf ein paar Unentwegte – die meisten Voynich-Forscher die Flinte ins Korn geworfen.

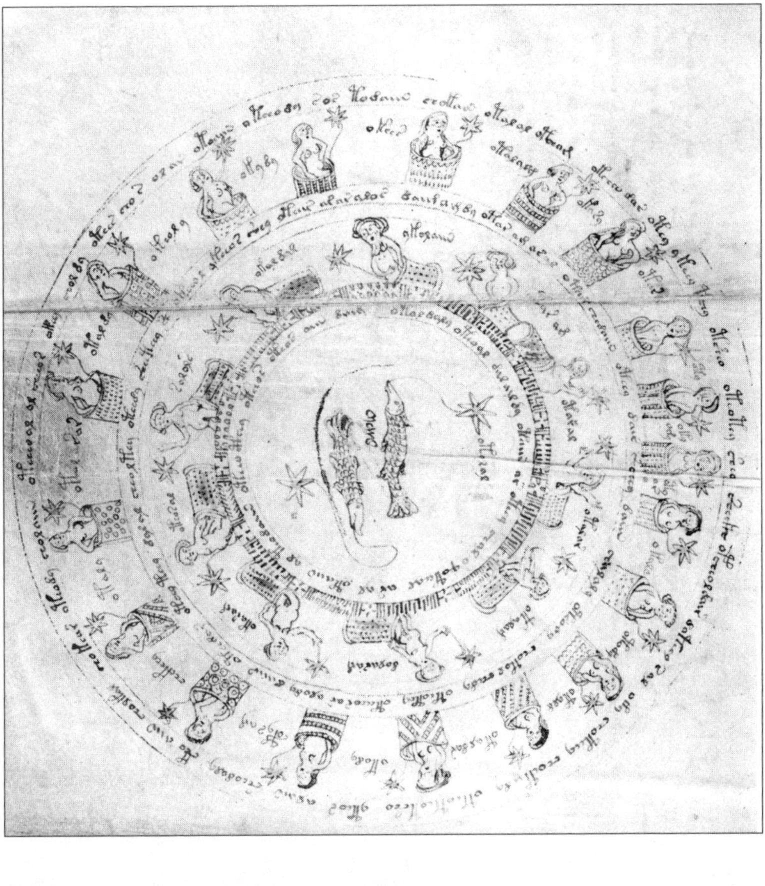

Voynich-Manuskript: Yale University Library

W

Wahrsagerei

Es gibt ganz unterschiedliche Methoden, die Zukunft vorherzusagen. Die nachfolgende Liste ist bei weitem nicht vollständig. Die meisten Wahrsagungsarten werden bei antiken Autoren erwähnt, manche sind aber auch Neubildungen aus der Zeit der Renaissance. Manchmal hat man den Eindruck, sie seien nur erfunden worden, um die besonders im 16. Jahrhundert sehr beliebten Listen von Wahrsagemethoden noch mehr zu bereichern.

Aeromantie: Wahrsagen aus der Luft und den Wolken. Heute unter dem Namen Meteorologie bekannt.

Ägomantie: Weissagung durch Ziegen. Die Kirchenväter Tertullian und Clemens von Alexandrien berichten davon, erklären aber nicht, wie es geht. Offensichtlich haben umherziehende »Magier« Ziegen oder Schafe eigens dazu abgerichtet. Die Langobarden sollen einen Ziegenkopf zur Weissagung benutzt haben (→Kephalomantie).

Alektryomantie: Getreidekörner werden auf die Erde gestreut, sodass ein Hahn die Körner aufpicken kann. Danach wird das Muster der übrig gebliebenen Körner gedeutet. Eine andere Verfahrensweise besteht darin, dass ein Kreis gezeichnet wird, auf dem rundherum die Buchstaben des Alphabets geschrieben werden. Auf jeden Buchstaben wird ein Getreidekorn gelegt und der Hahn in die Mitte des Kreises gesetzt. Aus den Buchstaben, von denen der Vogel das Korn herunterpickt, wird die Botschaft gelesen. In Afrika und angeblich auch in Griechenland verbreitet.

Aleuromantie: Weissagung aus dem Knistern des Mehls, das man ins Opferfeuer wirft. Auch andere Verfahrensweisen, bei denen Mehl eine Rolle spielt, waren im Altertum verbreitet.

Alphiomantie: Weissagung durch Graupen. Wie es genau gemacht wird, wissen wir nicht, wahrscheinlich so ähnlich wie bei der →Aleuromantie. Wie diese gehört auch die Alphiomantie zu den niederen Formen der Weissagung, die im Altertum von umherziehenden Winkelpropheten praktiziert wurden.

Amniomantie: Wahrsagen aus der »Glückshaube« *(caput galeatum)*, einem Stück Fruchtblase, das auf dem Kopf des neugeborenen Kindes klebt, die im Volksglauben als gutes Omen gilt. Noch Charles Dickens lässt seinen Romanhelden David Copperfield mit einer Glückshaube (englisch »caul«) auf die Welt kommen – die jedoch niemand kaufen will.

Anthropomantie: Wahrsagen aus den Gliedern oder Eingeweiden (absichtlich für diesen Zweck) getöteter Menschen. Der christlichen Propaganda zufolge soll der heidnische Kaiser Julian Apostata (331–363) diese barbarische Art der Weissagung an Kindern praktiziert haben. Dasselbe ist aber auch den Kaisern Heliogabal, Valerian, Maxentius sowie dem Vater aller Ketzer, Simon dem Magier, vorgeworfen worden. Da in den meisten Fällen Kinder als Opfer der Anthropomantie genannt werden, spricht man auch von **Pädomantie.** Das Schlachten von Kindern gehörte auch zu den üblichen Anklagepunkten bei den neuzeitlichen Hexenprozessen.

Apantomantie: Wahrsagen aus Gegenständen oder auch Personen, die man auf seinem Weg trifft, wenn man das Haus verlässt.

Arithmomantie: Wahrsagen aus bestimmten Zahlenverhältnissen, beinahe gleichbedeutend mit →**Onomatomantie.**

Astromantie: Astrologische Zukunftsdeutung.

Baktromantie: Stabweissagung, gleichbedeutend mit →**Rhabdomantie.**

Belomantie: Wahrsagen aus dem Bogen, den der Flug eines Pfeils beschreibt. Manchmal wird auch mit Pfeilen das Los geworfen, sodass die

Belomantie eigentlich eine →**Rhabdomantie** ist.

Bibliomantie: Zukunftserkundung durch zufällig ermittelte Bibelstellen (auch Verse aus Homer oder Vergil), auch →**Stichomantie.** Die Praxis war schon in der Antike geläufig. Papst Gregor I. (um 540–604) hat sie als ketzerisch verworfen, allerdings die Bibel davon ausgenommen. Auch der Kirchenvater Augustin und der heilige Franz von Assisi sollen Bibliomantie betrieben haben. Im 18. Jahrhundert hat der Gründer der Herrnhuter Brüdergemeinde, Nikolaus von Zinzendorf (1700–1760), dieser Weissagepraxis zu einer Renaissance verholfen. Im 19. Jahrhundert war es verbreitet, die Bibel mit dem Daumen schnell durchzublättern, eine zufällige Seite aufzuschlagen und diese auszudeuten (»Däumeln«, wenn Hilfsmittel verwendet wurden, auch: »Nadeln«).

Botanomantie: Jede mit Hilfe von Kräutern vorgenommene Mantik.

Brechomantie: Wahrsagen aus Regen.

Brephomantie: Wahrsagung aus den Eingeweiden von Kindern, gleichbedeutend mit →**Anthropomantie** und →**Pädomantie.**

Buccomantie: Mundwahrsagung. Eine 1851 von dem Zahnarzt William Rogers geprägte Bezeichnung für »die Kunst, die Vergangenheit, Gegenwart und Zukunft eines Menschen aufgrund der Betrachtung seines Mundes zu erkennen.«

Chiromantie: Wahrsagen aus der Hand.

Choiromantie: Weissagung durch Ferkel.

Coscinomantie: Wahrsagen aus einem Sieb.

Dactyliomantie: Wahrsagen mit (Finger-)Ringpendel.

Dämonomantie: Erkundung der Zukunft mit Hilfe von Dämonen.

Daphomantie: Wahrsagung durch Lorbeer, meist aus dem Knistern verbrennender Zweige (→**Pyromantie**).

Elaiomantie: Ölwahrsagung.

Geomantie: Deutung der Zukunft aus wahllos in Erde oder Sand markierten oder nach einer Regel auf Papier verteilten Punkten. Abendländische Version des Feng-shui.

Grammatomantie: Weissagung aus Buchstaben, meist aus deren Zahlenwerten.

Gyromantie: Kreiswahrsagung. Der Befragte muss sich so lange im Kreise drehen, bis er umfällt und im Fallen die um ihn herum eingeschriebenen Buchstaben berührt, aus denen dann Prophezeiungen formuliert werden.

Hepatomantie: Wahrsagen aus der Leber.

Hydromantie: Alle Praktiken der Zukunftsdeutung, bei denen Wasser eine Rolle spielt. Nach dem alten Alleswisser Marcus Terentius Varro (1.

Jahrhundert v. Chr.) besteht sie darin, dass dem Fragenden im Wasser Götter erscheinen, die ihm die Zukunft offenbaren. Im kleinasiatischen Tralles soll ein Knabe im Wasser Hermes erblickt und den Verlauf des Mithridatischen Krieges in 160 Versen vorausgesagt haben.

Ichthyomantie: Wahrsagung aus Fischen.

Kapnomantie: Wahrsagen aus der Form von Rauch.

Katoptromantie: Wahrsagen mittels eines Spiegels.

Kephalomantie: Die Langobarden sollen glühende Kohle über einen gebackenen Ziegenkopf (→**Ägomantie**) geschüttet und dabei die Namen von Leuten ausgerufen haben, die eines Verbrechens verdächtig waren. Wenn es prasselte, galt die Person, deren Name gerade an der Reihe war, als überführt.

Keromantie: Flüssiges Wachs wird in Wasser gegossen und aus den sich bildenden Figuren die Zukunft gedeutet. Ist durch die →**Molybdomantie** fast vollkommen verdrängt worden.

Kleromantie: Wahrsagen durch Lose.

Koniomantie: Weissagung aus Staub, manchmal auch Asche.

Korakomantie: Weissagung durch Raben.

Koskinomantie: Siebwahrsagung.

Kraniomantie: Weissagung aus dem Schädel. Im Unterschied zur →**Kephalomantie** wird bei dieser Methode die Gestaltung der Schädelnähte betrachtet.

Kristallomantie: Kristallschau. Der Shew-stone des berühmten Kristallsehers John Dee (1527–1608) soll aus schottischer Steinkohle bestanden haben. Gustav Meyrink beschreibt ihn in seinem John-Dee-Roman *Der Engel vom westlichen Fenster* (→Voynich-Manuskript).

Krithomantie: Wahrsagung aus Gerstenkörnern.

Krommyiomantie: Wahrsagung aus Zwiebeln.

Kyathomantie: Wahrsagung mithilfe eines Bechers. Vorbild dafür ist vielleicht Josephs Zukunftsdeutung mithilfe eines silbernen Bechers, die in Genesis 44,5 erwähnt wird,

Kybomantie: Würfelorakel.

Lampadomantie: Wahrsagung vermittels einer Fackel oder Kerze.

Lekanomantie: Beckenwahrsagung.

Libanomantie: Wahrsagung durch Weihrauch.

Literamantie: gleichbedeutend mit →**Arithmomantie** und →**Onomatomantie.**

Logarithmomantie: ebenfalls nur andere Bedeutung für →**Arithmomantie** und →**Onomatomantie.**

Lynchnomantie: Wahrsagung aus Flammen (Kerzen, Fackeln), gleichbedeutend mit →**Lampadomantie.**

Minomantie: Wahrsagung nach dem Monat (dem Geburtsmonat eines Menschen). Man beachte den Itazismus, Monat heißt auf Griechisch »ho mén« mit Eta.

Molybdomantie: Bleigießen. Noch immer verbreitete Divinationsart (Silvester).

Nekromantie: Beschwörung oder Befragung von Toten.

Omphalomantie: Wahrsagung aus der Beschaffenheit des Nabels, meist aber der Nabelschnur eines neugeborenen Kindes.

Oneiromantie: Wahrsagen aus Träumen.

Önomantie: Weissagung aus Wein. Ist als Praxis nicht weiter belegt. Allerdings wird in der *Aeneis* (4,453 f.) geschildert, wie sich bei Didos Opfer der Opfertrank dunkel färbt und der Wein zu Blut wird.

Onomatomantie: Wahrsagen aus Namen.

Onychomantie: Öl wird, mit Ruß vermischt, auf einen Daumennagel gesalbt. Darauf sollen dann Geister erscheinen.

Ornithomantie: Wahrsagen aus dem Flug, dem Geschrei und dem Fressverhalten von Vögeln.

Pädomantie: siehe →**Anthropomantie**.

Pagomantie: Weissagung aus Quellen.

Pedomantie: Wahrsagung aus den Füßen. Aus der Antike nicht belegt, also wohl einem Humanistenhirn entsprungen – wahrscheinlich dem des Paduaner Philosophie-Profs Alexandro Achillinis (1463–1512), in dessen Schrift *De chyromantiae principiis et physiognomiae* (1503) der Begriff auftaucht.

Pegomantie: gleichbedeutend mit →**Pagomantie**. Gelegentlich wird auch die scheußliche Wasserprobe im Hexenprozess so bezeichnet.

Peleiomantie: Wahrsagung durch Tauben.

Peratomantie: Wahrsagung aus der Luft, wahrscheinlich aber Druck- oder Lesefehler von Teratomantie.

Pettimantie: Wahrsagung mithilfe von Spielsteinen.

Phyllomantie: Wahrsagen aus dem Rauschen der Bäume beziehungsweise der Blätter.

Phyllorodomantie: Rosenblattwahrsagung.

Pyromantie: Wahrsagen aus dem Feuer.

Rhabdomantie: Wahrsagen mithilfe von Hölzchen oder Stäbchen.

Selenomantie: Mondwahrsagung.

Sideromantie: Wahrsagung mithilfe von Eisen.

Skapulimantie: gleichbedeutend mit →**Spatulimantie**.

Skiomantie: Orakel durch Schatten.

Solmantie: Sonnenwahrsagung.

Somnimantie: gleichbedeutend mit →**Oneiromantie**.

Sortimantie: Obergriff für alle Loswahrsagungen.

Spatulimantie: Schulterblattwahrsagung.

Sphondylomantie: Wirbelwahrsagung.

Spondonomantie: Aschen-Namenwahrsagung, siehe →**Thepramantie.**

Stereomantie: Wahrsagung aus den Elementen, also Oberbegriff für →Aero-, →Pyro-, →Hydro- und Geomantie.

Sternomantie: Brustwahrsagung.

Stichomantie: Wahrsagerei mittels Texten. Man formuliert eine Frage und stich dann intuitiv in eine Buchseite (Bibel, Homer und so weiter) und deutet die so gefundene Textstelle, insofern gleichbedeutend mit →**Bibliomantie.**

Stoicheiromantie: gleichbedeutend mit →**Onomatomantie.**

Stolisomantie: Kleidungswahrsagung. Kaiser Augustus soll einmal bei einer Militärrevolte in arge Bedrängnis geraten sein, nachdem er sich morgens die linke Sandale zuerst angezogen hatte.

Sykomantie: Wahrsagung aus Feigen.

Symbolomantie: allgemeiner Begriff für Zeichenbedeutung.

Thepramantie: Aschenwahrsagung.

Theriomantie: Oberbegriff für Wahrsagung durch Tiere.

Trapezomantie: Tischrücken.

Tympanomantie: Wahrsagung vermittels einer Trommel.

Tyromantie: Weissagung aus Käse. Artemidor von Daldis (2. Jahrhundert n. Chr.) listet in seinem Traumbuch unter den betrügerischen Propheten auch die »Käsewahrsager« *(tyromántes)* auf.

Umbilicomantie: Diese lateinisch-griechische Missbildung ist eine andere Bezeichnung für →**Omphalomantie.**

Venamantie: Aderwahrsagung.

Xylomantie: Wahrsagen mit Holzstäbchen oder Würfeln.

Zoomantie: Wahrsagen mittels lebender Tiere.

Weltdeutsch (Wede)

In seinen Büchern *Wede, die Verständigungssprache der Zentralmächte und ihrer Freunde, die neue Welthilfssprache* (1915) und *Weltdeutsch (das verbesserte Wede) für unsere Bundesgenossen und Freunde. Seine Notwendigkeit und seine wirtschaftliche Bedeutung* (1916) hat Adalbert Baumann seine eigene Version einer

Welthilfssprache vorgeschlagen. Obwohl er als Grundlage Englisch und Deutsch für gleichermaßen geeignet hält, entscheidet er sich für das Deutsche: »Durch den sieghaften Weltkrieg 1914/1915 ist Deutschlands politisches Gewicht und Ansehen beispiellos gewachsen, alle Welt wird die Freundschaft des Mächtigen suchen, wie die Blumen nach der Sonne werden sich alle bedeutenden Völker in den nächsten Jahrzehnten immer mehr gegen Deutschland neigen, um von ihm kulturelles Licht und soziale Sonne einzufangen.« Wede war also nicht für die Kolonien gedacht, sondern tatsächlich als internationales Kommunikationsmittel. Baumann formt sein Weltdeutsch aus dem Mittelhochdeutschen und verschiedenen Dialekten nach dem Grundsatz: »Shraibe, wi du sprichst!« Als Beispiel formuliert er eine Stellenanzeige in Wede: »man (tut) suchen aine tüchtiche komi mit shöne handshrift. forzug: stenografi. Oferten mit angabe fon alter an de adrese ...« 1928 präsentierte Baumann eine überarbeitete Fassung, die *Oiropa Pitshin* hieß. All das ist sehr schnell in Vergessenheit geraten.

Weltsprachen

Als Weltsprachen gelten Sprachen, die eine hohe Zahl an Muttersprachlern haben, von vielen Nicht-Muttersprachlern als Fremd- oder Zweitsprache beherrscht, in vielen Ländern als Fremdsprache in Schulen unterrichtet und von internationalen Institutionen oder auf internationalen Konferenzen als Amts- beziehungsweise Verkehrssprache gebraucht werden. Mit anderen Worten: Eine Weltsprache ist eine globale →Lingua franca. In der Regel verfügt eine Weltsprache über mehr als 100 Millionen Sprecher.

Als Weltsprachen werden allgemein angesehen:
Mandarin (1.200 Millionen)
Englisch (480 Millionen)
Spanisch (320 Millionen)
Russisch (285 Millionen)
Arabisch (221 Millionen)
Portugiesisch (180 Millionen)
Deutsch (129 Millionen)
Französisch (129 Millionen)

Während Mandarin allein schon über 850 Millionen Muttersprachler verfügt, verdanken die europäischen Sprachen ihre weltweite Bedeutung vor allem dem Kolonialismus. Eine Ausnahme bildet das Niederländische. Die Holländer haben in ihrer Kolonie Indonesien eine auf lokale Dialekte aufbauende Ausgleichssprache namens Bahasa Indonesia (»Sprache Indonesiens«) eingeführt.

Deutsch hat nach den beiden Weltkriegen stark an Bedeutung eingebüßt, auch als dominierende Weltsprache in Wissenschaft und Kunst. Als Zweitsprache ist es wegen der wirtschaftlichen Bedeutung Deutschlands jedoch noch immer präsent. →Plansprachen wie →Esperanto sind noch von keiner staatlichen Organisation als Verkehrssprache eingeführt worden.

Wortquadrat

Das Wortquadrat besteht aus Wörtern gleicher Länge, die horizontal, vertikal, gelegentlich sogar diagonal gelesen werden können. In der Regel lauten die Wörter in jeder Richtung gleich, im »doppelten« Wortquadrat aber auch verschieden:

O	R	A	L
M	A	R	E
E	V	E	N
N	E	A	T

S	A	**T**	O	R
A	R	**E**	P	O
T	**E**	**N**	**E**	**T**
O	P	**E**	R	A
R	O	**T**	A	S

Ein berühmtes römisches Wortquadrat, das zum Teil →Akrostichon, zum Teil →Palindrom ist und in vier Richtungen gelesen werden kann:

Die Übersetzung lautet: »Der Sämann Arepo führt seine Räder mit Sorgfalt.« Wahrscheinlich hatte das für die Christen der damaligen Zeit eine besondere Bedeutung, immerhin bilden auch die mittleren Zeilen ein Kreuz. Außerdem lassen sich die Buchstaben so umstellen, dass sie noch eine zusätzliche Aussage bekommen:

A
P
A
T
E
R
A P A T E R N O S T E R O
O
S
T
E
R
O

A und **O** stehen für **Alpha** und **Omega**.

Außer Quadraten lassen sich auch Rauten, Pyramiden oder andere Formen bilden, wobei es auch darum geht, eine maximale Größe zu erreichen. Der Rekord liegt beim Neun-Wort-Quadrat (mit Hilfe auch seltener Wörter und Ortsnamen). Zehn-Wort-Quadrate sind bisher nicht einmal mithilfe von Computern gelungen. Hier ein englisches Neun-Wort-Quadrat:

Q U A R E L E S T
U P P E R E S T E
A P P O I N T E R
R E O M E T E R S
E R I E V I L L E
L E N T I L L I N
E S T E L L I N E

Die Wörter sind zugegebenermaßen sehr weit hergeholt oder einfach ungewöhnliche Namen. Auch wird gelegentlich ein Buchstabe unterschlagen:

Quarelest: *quarrelest* ist die alte 2. Person Singular von »to quarrel« = streiten. In John Bunyans (1628–1688) *Discourse Upon the Pharisee And the Publican (Der Pharisäer und der Zöllner)* heißt es beispielsweise: »thou wilt neither hear what verdict the word has passed about it, nor wilt thou endure that God should throw it out in the matter of thy justification, but quarrelest with the doctrine of free grace [...].«

Uppereste: ist eine altertümliche Steigerung von »upper« (= höher), also der/das Oberste.

Appointer: Ein appointer ist ein Ernenner (von »to appoint« = ernennen).

Reometer: Ein Rheometer (auf Englisch auch ohne »h«) ist ein Messgerät zur Ermittlung des Verformungs- und Fließverhalten von Materie.

Erieville: ist ein Städtename, der in den USA vorkommt.

Lentillin: kann als Vorname durchgehen (ebenfalls USA).

Estelline: heißen ebenfalls einige Städte in den USA.

Sterlin: existiert als Nachname. Im Türkischen wird »sterling« (»Pound sterling«) »sterlin« geschrieben.

Tersene: kommt auch als Familienname vor. Im kurdischen Dialekt Kirmackî existiert ein Verb »tersene« (= fürchten).

X

Xenoglossie

Xenoglossie wird das Reden in einer nie erlernten oder gehörten Sprache genannt und ist nicht mit →Zungenrede (Glossolalie) zu verwechseln. Fälle von Xenoglossie sind äußerst selten und sehr schwer zu beweisen. Bezeichnenderweise tritt die Xenoglossie oft in religiösen und esoterischen Zusammenhängen, auch unter Hypnose auf. Die einfachste Erklärung für das Phänomen lautet, dass sich die betreffende Person unbewusst an eine Fremdsprache erinnert, die sie einmal gehört hat (Kryptomnesie). Parapsychologen bevorzugen dagegen Reinkarnation als Erklärung: In der Xenoglossie sollen Erinnerungen aus einem früheren Leben zutage kommen.

Ein Fall von Xenoglossie hat vor über dreißig Jahren für Schlagzeilen gesorgt. 1970 hypnotisierte der amerikanische Methodistenprediger Caroll Jay seine Frau Dolores, um sie von ihren Rückenschmerzen zu heilen. Dabei sprach Dolores plötzlich Deutsch. Bei weiteren Sitzungen stellte sich heraus, dass eine gewisse Gretchen Gottlieb sich durch Dolores zu Wort meldete. Gretchen behauptete, die Tochter des Bürgermeisters von Eberswalde gewesen und gegen Ende des 19. Jahrhunderts unter etwas mysteriösen Umständen im Alter von 16 Jahren zu Tode gekommen zu sein. Spätere Nachforschungen ergaben allerdings, dass es in Wirklichkeit mit Gretchens Deutsch nicht sehr weit her war und die Gespräche mit einer normalen Unterhaltung auch wenig gemein hatten. Die angesehene amerikanische Linguistin (und Germanistin) Sarah G. Thomason meinte zu dem Fall: »Sie [Gretchen] spricht die Sprache allenfalls so gut wie jemand, der vor zwanzig Jahren ein Jahr lang Deutschunterricht hatte.« Im Übrigen haben Ermittlungen in Eberswalde Gretchens Existenz nicht bestätigt.

Ypsilon

Mit einer durchschnittlichen Häufigkeit von 0,04 Prozent ist Y vor Q und X der drittseltenste Buchstabe in deutschsprachigen Texten; im Deutschen wird er ausschließlich in Lehn- und Fremdwörtern verwendet. Ursprünglich kommt es aus dem phönizischen Alphabet, wo es aber noch als *Waw* erscheint und wie »w« ausgesprochen wird. Die Griechen haben den Buchstaben mit dem Lautwert »u« übernommen; über die Etrusker (→Etruskisch) ist er dann zu den Römern gelangt.

Unter anderem weil (spätestens) seit der Spätantike die Griechen das Ypsilon als »i« aussprachen, wird der Buchstabe in den modernen Sprachen sehr unterschiedlich verwendet. Im Englischen, Französischen und Spanischen wird er als Variante des Buchstabens I gebraucht (zum Beispiel: englisch happiness – happy; spanisch reina – rey). Bis ins 19. Jahrhundert hinein wurde I auch im Deutschen durchaus als Y geschrieben. Am längsten konnte sich das Ypsilon bei der Unterscheidung von sein und seyn (Konjunktiv) halten (bei *sey)*. Der Philosoph Martin Heidegger verwendete in seinen späten Schriften mit Vorliebe die Variante »seyn«. Ansonsten gilt, dass das Ypsilon immer dann zum Einsatz kommt, wenn sonst kein Buchstabe oder eine Buchstabenkombination, ganz konkret im Letternkasten des Buchdruckers, zur Verfügung steht, so im Englischen anstelle des »þ« (→Thorn): »ye olde shoppe« statt »þe/the olde shoppe«. Im Frühneuhochdeutschen und im Niederländischen stand »y« auch für die Kombination »ij«. Die Niederländer verwenden heute in der Regel die Ligatur »ij«, während im Flämischen und im Afrikaans das »y« noch üblich ist. Im Deutschen wird heute Ypsilon weitgehend wie »ü« ausgesprochen, früher war eher »i« gebräuchlich. Die Schweizer neigen bei griechischen Fremdwörtern auch heute noch zur i-Aussprache; bei ihnen heißt das Ypsilon dementsprechend auch wie bei den Franzosen *Ygrec* (= griechisches I). Bei Namen wird das »y« meist wie »ü« ausgesprochen (Thyssen, Sylt), aber Vorsicht: bei Kyffhäuser oder Gysi klingt es schon wieder wie »i«.

Die Bayern verdanken ihr Ypsilon (Achtung, wenn von der Sprache die Rede ist, heißt es *Bairisch!*) übrigens, wie es scheint, ihrem philhellenischen König Ludwig I. (1786–1868), dessen Sohn Otto (1815–1867) 1832 König von Griechenland wurde. Das Ypsilon war angeblich als Hommage an Griechenland und das Griechische gedacht. In der Tat hat vor 1806 Bayern noch *Baiern* geheißen. Die Umbenennung in Bayern soll im Zuge der Annexion Frankens unter napoleonischer Herrschaft erfolgt sein. Nürnberg liegt also in Bayern, *nicht* aber in *Baiern* (sprich: Altbayern). Aber wir bewegen uns hier auf dünnem Eis ... Himmiherrgottzaggeramentzefixallelujamilextamoarschscheißglumpfaregts! (→Flüche).

Zäpfchen-R

In fast allen europäischen Sprachen wurde ursprünglich das R an der Zungenspitze (Zungenspitzen-R) artikuliert. Doch im 17. Jahrhundert hatte sich in Paris eine uvulare Variante entwickelt, die sich in den meisten Gebieten Frankreichs, dann auch Italiens, der Schweiz, den Niederlanden, Deutschland verbreitete und gegen Ende des 19. Jahrhunderts Dänemark, das südliche Norwegen und Schweden erreicht hatte. Spanien, Österreich und England sind dagegen resistent geblieben, auch im Friesischen hat das gerollte Zungenspitzen-R überlebt. Warum das so ist, entzieht sich weitgehend unserer Kenntnis. Wahrscheinlich ist ein kompliziertes Zusammenwirken politischer, dialektologischer und soziologischer (Mode) Faktoren für das merkwürdige Phänomen verantwortlich. Das Zungenspitzen-R ist seiner angeblich dramatischeren Wirkung wegen lange auf der Bühne als lautrecht angesehen worden, heute aber aus Theater, Rundfunk und Fernsehen (außer bei Carolin Rrreiber) so gut wie verschwunden. Grund dafür ist möglicherweise auch das markante R des Österreichers Adolf Hitler.

ZAHLEN

	1	2	3	4	5
DEUTSCH	eins	zwei	drei	vier	fünf
Albanisch	yak	du	sei	tschorr	paindj
Arabisch	wahid	itnen	talata	arbaa	hamsa
Baskisch	bat	bi	hiru	lau	bost
Chinesisch	yi	èr	san	sì	wu
Esperanto	unu	du	tri	kvar	kvin
Finnisch	yksi	kaksi	kolme	neljä	viisi
Französisch	un	deux	trois	quatre	cinq
Friesisch (Nord-)	ian	tan	trii	fjauer	fiiw
Gälisch	aon	da	tri	ceithir	còig
Griechisch	ena	dio	tria	tessara	pende
Hebräisch	echad	steim	schalosch	arba	chamesch
Isländisch	einn	tveir	þrír	fjórir	fimm
Italienisch	uno	due	tre	quattro	cinque
Japanisch	ichi	ni	san	yon	go
Latein	unus	duo	tres	quattuor	quinque
Litauisch	vienas	du	trys	keturi	penki
Maltesisch	wiehed	tnejn	tlieta	erbgha	hamsa
Persisch	jek	do	se	tschahar	pandsch
Quechua	juc	iskai	kinsa	tawa	pisqa
Russisch	adin	dwa	tri	tschetirje	pjat
Schweizerdeutsch	eis	zwoi	drü	vier	foif
Sorbisch	jedyn	dwaj	tři	štyri	pjeć
Spanisch	uno	dos	tres	cuatro	cinco
Sumerisch	disch	min	esch	limu	ja
Tamil	onru	irandu	munru	nanku	eindu
Türkisch	bir	iki	üç	dört	beç
Ungarisch	egy	kettö	három	négy	öt
Vietnamesisch	môt	hai	ba	bon	nam
Walisisch	un	dau	tri	pedwar	pump

Zirkel

Ein Zirkel (vom lateinischen *circulus* = Kreis) ist in der Welt der Studentenverbindungen eine Verschlingung von Buchstaben (in der Regel die Anfangsbuchstaben des Verbindungsnamens und des Wahlspruchs der Verbindung), gefolgt von einem Ausrufezeichen. Zirkel werden geführt von Corps, Landsmannschaften, Turnerschaften, Sängerschaften, Burschenschaften, aber auch von Schülerverbindungen (Pennälerverbindungen) und akademischen Sportvereinen. Als Faustregel gilt: Je einfacher der Zirkel, desto älter die Verbindung. Die Zirkel werden von Korporierten hinter die Unterschrift gesetzt, sofern sie diese in Verbindungsangelegenheiten leisten. Auch auf Fahnen, Krügen und manchmal auf Mützen taucht der Zirkel auf. Im Schreibmaschinensatz wird er durch »Z!« ersetzt. Bei sogenannten schwarzen Verbindungen, die keine Farben tragen, ist der Zirkel das einzige äußerliche Erkennungszeichen der Verbindung. »Auch heute noch«, schreibt Prof. Dr. Dr. Otto Böcher in seinem *Kleinem Lexikon des studentischen Brauchtums,* »ist die erste Pflicht des Kraßfuchsen [Erstsemester, der gerade in die Verbindung eingetreten ist], zu erlernen, wie man den Zirkel seiner Verbindung korrekt, schwungvoll und möglichst in einem Zuge zustande bringt.«

Zungenbrecher

Zungenbrecher kommen naturgemäß nur in der gesprochenen Sprache vor. Wörter, die gleiche oder ähnliche Laute enthalten, werden aneinandergereiht und sollen so schnell wie möglich gesprochen werden.

Einige Zungenbrecher:

Die Klassiker:

Fischers Fritze fischt frische Fische;
frische Fische fischt Fischers Fritze

Flößers-Vroni-flog-frohlockend-vom-frostigen-Floß;
vom-frostigen-Floß-flog-frohlockend-Flößers-Vroni

Ein chinesischer Chirurg schenkt tschechischen
Skifreunden frischgebackene Shrimps.

Zwischen zwei Zweigerln zwitschern zwei
Zeiserln.

Jiddisch:

Fin Minsk kin Brisk geit a fux in holt a bix in pisk.

Übersetzung:

Von Minsk nach Brisk geht ein Fuchs und hält eine Hose in der Schnauze.

Das ist alles harmlos im Vergleich zu diesem **italienischen Zungenbrecher:**

Se l'Arcivescovo di Costantinopoli si volesse di
sarcivescoviscostantino politannizari, vi disarci-
vescoviscostantino politannizzereste voi per
non fare disarcivescoviscostatino politannizzare lui?

Übersetzung:
Wenn der Erzbischof von Konstantinopel sein
Erzbistum aufzugeben wünschte, würdet Ihr das-
selbe tun, damit er sein Erzbistum nicht aufgeben möge?

Zungenreden

In seinem Buch *Die Sekten der Gegenwart* (1923) berichtet Paul Scheuerlen (1877–1947) von einem Großtreffen der Pfingstler, das zu Anfang des 20. Jahrhunderts stattgefunden hat: »Brausender Gesang wogt durch den Saal. Dann beginnt einer der Leiter auf dem Podium mit Gebet, andere stimmen mit ein. Die Begeisterung schwillt an. Man hört ein Seufzen und Stöhnen, unterbrochen von Hallelujarufen und dem Geschrei ›der Heiland ist da‹. Die Massensuggestion feiert Triumphe: eins steckt das andere an. Frauen fallen um und winden sich in Zuckungen. Starke Männer wälzen sich am Boden unter Krämpfen. Sündenbekenntnisse werden laut, einer rühmt das Blut Jesu Christi. Auf dem Gipfel der Erregung setzt das Zungenreden ein. Man hört eine Frau etwa den ganzen Abend lang rufen ›tojetojeto‹. Nicht unerwähnt soll bleiben, wie der Führer der deutschen Pfingstbewegung, der frühere Pastor J. Paul in Berlin das Lied ›lasst mich gehen‹ nach der Eingebung des Geistes in der Zungensprache also gesungen hat: Schua ea, schua ea, o tschi biro, tira pea. Akki lungo, ta ri fungo. U li bara. Ti ra tungo. Latschi bungo ti tu ta.«

Unter Zungenreden (Glossolalie) wird ein Sprechen oder Beten im oder mit dem Heiligen Geist verstanden, und zwar in einer Sprache, die dem Sprecher unbekannt ist (siehe 1. Korinther 14). In diesem Sinne ist Zungenreden gleichbedeutend mit →Xenoglossie. Im Pfingstbericht (Apostelgeschichte 2,1–13) wird zum ersten Mal davon berichtet. Aus der Passage geht aber nicht ganz klar hervor, ob es sich um ein Phänomen des Sprechens oder Hörens handelt. Die Befürworter des Zungenredens sehen es vor allem als Ersteres an. Paulus selbst spricht sich nicht grundsätzlich gegen die Zungenrede aus, warnt aber ausdrücklich vor Missbräuchen und schätzt sie geringer ein als die prophetische Rede.

Nachdem sie lange in Vergessenheit geraten war, praktizierten gegen Ende des 17. Jahrhunderts einige Pietisten wieder die Zungenrede. Heute gehört sie vor allem innerhalb der Pfingstbewegung, einer christlichen Strömung, die zu Anfang des 20. Jahrhunderts entstanden ist und liturgische Formen ablehnt, dafür das Wirken des Heiligen Geistes in den Mittelpunkt stellt, zur üblichen religiösen Praxis. Dabei geht es in der Regel weniger dramatisch zu als in Scheuerlens Bericht. Obwohl als eine Technik grundsätzlich erlernbar, wird das Zungenreden dennoch als besondere Gabe und Manifestation des Heiligen Geistes betrachtet: Der Heilige Geist findet die Worte für alles, was der Beter selbst nicht auszudrücken vermag. Das Zungenreden hebt also gewissermaßen die alte Sprachverwirrung seit dem →Turmbau zu Babel auf. Und das ist doch ein schöner Abschluss für ein babylonisches Handbuch.

Literaturhinweise

David Chrystal: Die Cambridge Enzyklopädie der Sprache. Übersetzung und Bearbeitung der deutschen Ausgabe von Stefan Röhrich, Ariane Böckler und Manfred Jansen. Frankfurt am Main 1993.

Klaus Peter Dencker (Hg.): Poetische Sprachspiele. Vom Mittelalter bis zur Gegenwart. Stuttgart 2002.

Umberto Eco: Die Suche nach der vollkommenen Sprache. Aus dem Italienischen von Burkhart Kroeber. München 1994.

Hans Eggers: Deutsche Sprachgeschichte. Zwei Bände. Reinbek bei Hamburg 1986.

Raymond G. Gordon Jr. (Hg.): Ethnologue: Languages of the World. 15. Auflage. Dallas: 2005. In der Webversion unter: http://www.ethnologue.com/web.aso lassen sich Daten zu 6.912 lebenden Sprachen abrufen.

Harald Haarmann: Universalgeschichte der Schrift. 2., durchgesehene Auflage. Frankfurt am Main, New York 1991.

Ders.: Lexikon der untergegangenen Sprachen. 2. durchgesehene Auflage. München 2004.

Ders.: Weltgeschichte der Sprachen. Von der Frühzeit des Menschen bis zur Gegenwart. München 2006.

Werner König: dtv-Atlas Deutsche Sprache. 15., durchgesehene und aktualisierte Auflage. München 2004.

Konrad Kunze: dtv-Atlas Namenskunde. Vor- und Familiennamen im deutschen Sprachgebiet. Mit 125 Abbildungsseiten in Farbe. 4., überarbeitete und erweiterte Auflage. München 2003.

Heinrich Lausberg: Handbuch der literarischen Rhetorik. Eine Grundlegung der Literaturwissenschaft. 3. Auflage. Stuttgart 1990.

Peter von Polenz: Geschichte der deutschen Sprache. Neunte, überarbeitete Auflage. Berlin, New York 1978.

Hans Joachim Störig: Abenteuer Sprache. Ein Streifzug durch die Sprachen der Erde. 3. Auflage. Berlin, München, Wien, Zürich, New York 1991.

Gert Ueding (Hg.): Historisches Wörterbuch der Rhetorik. Tübingen 1992 f.

Inhaltsverzeichnis

A

B

C

D

E

R

S

T

U

V

W

X

Y

Z